KB058497

시간의 마법

시간의 마법

하루 10분으로 인생을 바꾼 이야기

The Magic of Time

정선혜 · 서영우 지음

21세기북스

일러두기
이 책에 나오는 등장인물과 상황 및 배경은 작가들의 경험을 토대로 임의로
설정한 것임을 알려드립니다.

✳

지금 시작하면 10년 후에 기뻐할 것이고
지금 포기하면 10년 후에 슬퍼할 것이다.

차례

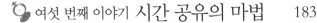

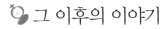

프롤로그

인터뷰를 시작하며

"정유진 선생님, 선생님의 인생관이 그렇게 변한 계기가 따로 있습니까?"

인터뷰를 진행하던 강 기자가 검은색의 동그란 뿔테 안경을 고쳐 쓰며 물었다. 문득 무슨 생각이 떠오른 듯 유진의 입가에 엷은 미소가 비쳤다.

"그럼요, 있었죠. 학교 선배와 우연히 다시 만날 기회가 있었는데, 참 많은 이야기를 나누었어요. 그때 선배에게 시간의 마법에 대해서 듣게 되었고, 그 이후로 정말 기적 같은 일이 일어났죠. 제 인생이 아주 많이 변했거든요. 나의 발목을 잡았던 많은 문제들이 더 이상 짐처럼 느껴지지 않았으니까요. 매일 반복되던 단조로운 일상에서 탈출할 수 있었죠. 사람들과의 만남 또한 정말 편해졌구요."

"시간의 마법 말입니까? 선생님의 선배님은 어떤 분이신지?"

진지한 표정으로 듣고 있던 강 기자의 눈빛이 더욱 반짝였다.

"정말 인생을 낙관적으로 그리고 행복하게 사는 분이에요. 왜 가끔 그런 기분이 들 때 있잖아요. 누군가가 나를 지켜주는 느낌. 항상 제 옆에 계시지는 않지만, 언제 어디서나 흐뭇하게 나를 지켜봐주시고 있다는 느낌이 들어요."

"지금까지 선생님과 인터뷰를 하는 동안 정말 열심히 인생을 사셨구나 하는 생각이 들었습니다. 또 어떻게 그렇게 힘든 일을 다 해낼 수 있을까 하는 궁금증이 있었는데, 역시 선생님께도 훌륭한 멘토가 계셨군요. 그런데요 선생님!"

"네, 말씀하세요."

강 기자는 유진의 인생이 항상 시간에 쫓기며 사는 자신의 모습과 무척이나 비교된다는 생각이 들었다.

"선생님의 이야기를 듣고 있자니 하루하루 허덕이며 사는 제 모습이 참 부끄럽게 느껴집니다. 매일 반복되는 일상에, 늘 마감 시간에 쫓겨 밤샘하기 일쑤고, 입사한 지 벌써 10년이 되었지만 승진은 계속 밀리고, 그렇다고 그동안 해놓은 것도 하나 없는 것 같고, 사람들과의 관계는 지쳐만 가구요, 신경을 너무 써서인지 고질적인 위장병까지 있어서 고생이 이만저만이 아니거든요."

유진은 강 기자의 푸념에 연신 고개를 끄덕였다.

"그건 대부분의 사람들도 마찬가지죠. 강 기자님이 남자라서도 아니고 능력이 없어서도 아니에요. 그건 바로 시간의 마법 때문이죠. 시간은 항상 우리의 삶이 단조롭게 느껴지도록 하는 강력한 마법을 걸고 있거든요. 하루하루를 지겹게 만들어버리죠. 그러다가 문득 정신을 차렸을 때 아차! 하면서 이미 엄청나게 긴 시간을 흘려보낸 자신을 발견하게 하죠. 그러고는 자꾸 후회하며 과거를 뒤돌아보게 합니다. 주위를 보면 많은 사람들이 이런 시간의 마법에 빠져서 의미 없는 하루하루를 보내고 있다는 걸 알 수 있어요."

유진의 말에 강 기자는 놀랍다는 표정을 지었다.

"생각해보니 정말 그런 것 같습니다. 지루하고 보람 없이 느껴지는 나날들, 어느새 내 기억 속에서 지워져버린 시간들…… 그게 다 시간이 제게 건 마법 때문이라는 거죠? 여태까지 살아오면서 한 번도 그런 생각을 해본 적이 없는데. 그렇다면 선생님께서는 그걸 극복할 수 있는 방법도 알고 계신 건가요?"

유진은 강 기자의 물음에 고개를 끄덕였다.

"그런 셈이죠. 아까 말씀드린 것처럼 저는 그 선배와의 대화를 통해 깨닫게 된 가르침들을 항상 마음속에 품고 있어요. 그건 바로 시간의 마법에 빠져 허우적거리는 게 아니라 오히려 그걸 현명하게 활용하는 방법에 관한 것들이죠. 저 역시 그 시간의 마법을 활용해서 육아도 하고, 직장도 다니고, 창업도 하고 그리고 무엇보다도 하고 싶었던 공부를 할 수 있었죠. 박사 학위까지 마쳤거든요. 서른이 넘은 나이에 시작해서 말이죠."

유진의 대답에서 힘이 느껴졌다.

"정말 대단하시군요. 아마도 그 선배님이 알려주셨다는

시간의 마법을 활용하는 방법이 제게도 해답이 될 수 있을 것 같습니다. 오늘 선생님을 만나 뵈니 제 힘든 인생에도 어떤 희망이 보이는 듯합니다. 괜찮으시다면 시간의 마법에 대해 좀더 자세하게 이야기해주실 수 있으시겠습니까? 다행히 오늘 저녁 일정이 없기도 하고, 설령 선약이 있었더라도 선생님께서 시간만 내주신다면 당연히 취소했을 겁니다. 어렵게 사는 인생 후배 한 명 구제한다 생각하시고 잠시 시간을 더 내주시면 감사하겠습니다."

강 기자는 애처로운 표정을 지으며 유진의 눈치를 살폈다.

"그렇죠. 아마 그 선배라도 기자님의 요청에 흔쾌히 응했을 겁니다. 항상 여유를 잃지 않고 사람들과의 대화를 즐겼으니까요. 아참, 그 선배가 이럴 때 항상 하던 이야기가 있어요. '받는 행복은 내 마음대로 되지 않지만 주는 행복은 언제든 내 맘대로 할 수 있다.' 언제나 베푸는 사랑의 행복에 대해 역설하셨죠. 저도 참 많이 받았구요. 이제 제 차례인 것 같네요. 마침 저도 오늘 저녁은 특별한 일이 없어요. 오랜만에 선배 이야기를 하니 뭉클하게 그 시절이 그리워지기도 하구요."

"아, 정말 감사합니다. 그 선배님의 이야기도 수첩에 담아야겠어요."

한껏 표정이 밝아진 강 기자는 서둘러 취재 수첩의 새 페이지를 펼쳤다.

"네, 얼마든지요. 제 이야기가 아닌 선배 이야기를 하려고 하니 더 긴장이 되네요. 음, 지금으로부터 한 10여 년 전의 일이에요. 제가 그 선배를 다시 만난 건 한 대기업의 신입사원 특채에 합격했을 때였어요. 경기도에 있는 한 리조트에서 1주일간 열린 신입사원 연수회에서였죠."

유진은 창밖을 바라보며 회상에 잠겼다.

'시간의 마법' 이야기

선배와의 재회

**사람들은 누구나 자신이 좀더 특별해지기를,
인생을 좀더 의미 있게 살 수 있기를 바란다**

끝없이 넘실대는 푸른 바다, 연분홍빛 벚꽃이 흩날리는 도시, 진해. 유진이 태어나고 자란 이곳은 풍광이 무척이나 아름답고 희망이 넘치는 도시다.

유진의 어린 시절은 비교적 행복한 날들이었다. 유복한 집안에서 태어나 외할아버지의 사랑을 듬뿍 받으며 남부러울 것 없이 생활했다. 그러나 외할아버지가 돌아가시고 아버지의 사업이 실패하자 유진의 가정에도 서서히 어두운 그림자가 드리우기 시작했다.

힘든 만큼 절실했던 시간들

국내에서 설 자리를 잃은 유진의 아버지는 도피하듯 친척들과 함께 호주로 새로운 사업을 찾아 떠났다. 그리고 어머니와 함께 한국에 남겨진 유진은 어렵고 힘든 학창 시절을 보내야만 했다. 어렵사리 진학한 지방 국립대학에서 유진은 패션디자인을 전공했다. 친구들의 도움으로 졸업은 했지만 더 이상 한국에서 살아가는 것에 희망이 없었다. 유진은 어머니와 함께 새로운 인생을 찾아 아버지가 있는 호주로 떠났다. 그러나 희망을 품고 날아간 시드니에서 자신의 기대가 부질없었다는 것을 깨닫는 데는 그리 오랜 시간이 걸리지 않았다.

아버지는 아직 호주에서 자리를 잡지 못한 채였고, 가족의 생계를 도와야 하는 유진 역시 그곳에서 할 수 있는 일이 많지 않았다. 이민자들이 할 수 있는 일이라고는 청소나 용접 같은 게 대부분이었고, 뭔가 전공을 살리는 일을 하려면 현지인과 비즈니스를 할 수 있을 정도의 영어 실력이 되어야 했다. 유진으로서는 도저히 자신이 없었다. 결국 유진은 좋은 직장을 얻겠다는 일념으로 가방 하나 들고 홀로 다시 한

국으로 돌아왔다.

하지만 한국이라고 해서, 말이 통하는 내 나라라고 해서 모든 게 쉬운 것은 아니었다. 그러던 중 케이블 방송사의 자료 조사 아르바이트를 하게 되었고, 우연히 프로듀서의 눈에 띄어 리포터 일을 시작하게 되었다. 하지만 숱한 출장으로 몸과 마음은 지쳐갔고, 촬영을 하기 위해 이동 중에 교통사고로 입원을 하기도 했다. 게다가 얄팍한 출연료로는 호주에 있는 부모에게 용돈을 보내기는커녕 원룸의 월세며 생활비며…… 제 한 몸 살아가는 일도 녹록치 않았다.

그렇게 몇 년의 시간을 보내는 동안 그새 결혼을 한 친구들의 소식이 들려오기 시작했다. 좋은 집안의 남자와 결혼한 친구들의 소식을 들을 때면 왠지 모르게 자신이 초라하게 느껴지기도 했다. 저렇게 시집이라도 잘 갈 수 있으면 얼마나 좋을까? 유진은 지금의 이 힘든 생활을 어떻게든 벗어나고 싶었다. 사람들은 방송에도 출연하고 외모도 화려하게 꾸미는 직업을 가진 유진을 보며 부러워하기도 했다. 그러나 실상 그녀는 앞날을 알 수 없는 현실에 몹시 힘들어하며 남몰래 눈물을 흘리는 날들이 늘어갔다.

그러던 어느 날, 유진에게 뜻하지 않은 행운이 찾아왔다. 여러 회사에 면접을 보러 다니던 중, 기대도 하지 않던 S상사의 신입사원 특별 채용에 합격하게 된 것이다. 단 1주일간의 연수를 통해서 직무 능력을 평가하고 그 결과를 토대로 최종 합격자를 선발한다는 조건이었다.

어쨌든 엄청난 경쟁을 뚫고 당당하게 합격했다는 사실만으로도 유진은 날아갈 듯이 기뻤다. 게다가 신입사원 연수에 참여할 수 있다니! 대학에서도 아르바이트 때문에 MT 한번안 가본 유진으로서는 숱한 경쟁자를 제치고 신입사원 연수를 받게 되었다는 사실이 설레고 흥분되었다.

유진은 대학에 갓 입학한 신입생 마냥 기쁜 마음으로 벌써부터 예비 신입사원 연수가 열리는 경기도의 한 리조트를 그리고 있었다.

우연이 안겨준 새로운 기회

유진은 참석자 등록을 하기 위해 리조트 입구에서 인사팀 담당자를 찾았다. 유진에게는 10번이라는 번호가 부여되었다.

이번 연수 기간 동안 유진의 이름을 대신할 번호였다. 왠지 느낌이 좋은 숫자였다. 유진은 자신이 좋아하는 10번이라는 숫자가 행운을 가져다줄 거라고 믿었다.

접수를 하는 동안 유진은 우연히 인사팀 담당자가 펼쳐 놓은 서류철을 보게 되었다. 명문 대학 출신들에 탁월한 영어 점수, 다양한 경력으로 꽉꽉 채워진 입사 지원자들의 현황표가 유진의 시야에 확대되어 들어왔다.

'역시…… 뛰어난 사람들이 뽑혔구나. 나의 운은 여기까지일지도 모르겠네.'

유진은 갑자기 초라해지는 자신의 모습에 위축되었다. 상대적으로 자신의 커리어가 여러 면에서 부족하다는 사실이 새삼스럽게 다가왔다. 유진은 떨리는 가슴을 진정시키며 신입사원 오리엔테이션이 열리는 대강의실을 찾았다. 대강의실은 어느새 1차 관문을 통과한 40명의 예비 신입사원들로 북적거렸다.

간단한 입소식이 있은 뒤 1주일을 함께할 강사들의 소개가 이어졌다. 그리고 연수 담당자가 나와서 이번 연수에 대한 오리엔테이션을 시작했다. 모든 일정을 통해 참석자들은 다양한 방식으로 평가되며, 마지막 날 최종 합격자 20명이 결정된다는 사실이 발표되었다. 그러자 강의실에 앉아 있던 연수생들이 술렁이기 시작했다. 유진도 긴장되고 떨리는 마음이긴 마찬가지였다. 연수생들이 불안한 기색을 보이자 담당자가 이내 분위기를 수습하기 시작했다.

이번 특별 전형의 목적은 많은 젊은 사람들이 S상사에 대해 관심을 갖도록 하고, 또 다양한 개성이 연출되는 뉴미디어 시대에 어울리는 창의적인 인재를 제출된 서류에 얽매이지 않고 직접 뽑아보겠다는 경영진의 의지라고 설명했다. 그리고 떨어지는 사람들에게도 향후 경기 상황에 따라 추가 공채 일정이 있을 수 있으며, 그때 우선적으로 기회를 제공하겠다는 위로의 말도 잊지 않았다. 한 번의 기회가 더 있을지도 모른다는 말에 유진을 비롯한 연수생들은 조금이나마 안도하는 표정을 지었다. 이렇게 오전 시간은 연수 일정 소개와 함께 예비 신입사원들의 숙소 배정으로 마무리 되었다.

방 배정이 끝난 후 간단한 점심식사가 이어졌다. 유진은 처음 만나는 사람들과 가벼운 인사를 나눈 뒤 어색한 가운데 식사를 마쳤다. 모두가 경쟁자라고 생각해서 그런지, 아니면

쑥스러워서인지 별로 대화가 없었다. 유진도 쉽게 나서는 성격이 아니다보니 먼저 말을 걸고 싶은 마음은 없었다.

그렇게 불편한 식사를 마치고 터벅터벅 식당을 나서던 유진의 눈이 갑자기 커졌다. 처음에는 잘못 봤나 싶었는데, 이내 확신할 수 있었다. 어느새 상당한 커리어가 묻어나는 모습의 J선배가 커피숍에 앉아서 느긋하게 책을 보고 있는 게 아닌가.

참으로 오랜만에 본 선배 모습인지라 유진은 더더욱 반가웠다. 한국에 다시 돌아와서 이렇게 기뻤던 적이 있나 싶었다.

'그렇게도 그리워하던 선배. 그 선배를 여기서 만나다니!'

유진은 J가 앉아 있는 테이블로 조심조심 다가섰다.

"선-배-님?"

J가 고개를 들어 유진의 얼굴을 빤히 바라봤다. 누군지 선뜻 알아보지 못하는 모양이었다.

"선배님! 저 유진이에요, 정유진!"

J는 앞에 서 있는 사람이 고등학교 방송반 후배 유진이라는 사실을 알아차리고는 환하게 웃었다.

"방송반 유진이? 아, 맞구나. 목소리 기억난다. 여기서 이렇게 만나다니, 정말 생각지도 못했는걸!"

유진도 반갑게 응대했다.

"저두요, 선배님! 이런 걸 운명이라고 하나요? 방송반 동문 모임 이후 몇 년 만이죠? 그동안 어떻게 지내셨어요? 유학 가신다고 한 뒤로는 한 번도 못 봤잖아요……."

"3년 전에 미국에서 돌아왔지. 벌써 세월이 그렇게 되었네. 그런데 유진이는 여기 무슨 일이지?"

"아, 저 이번에 S상사 예비 신입사원이 되었거든요. 여기서 지금 연수 중이에요."

"아, 그래? 축하한다! 정말 잘 되었구나!"

선배의 축하에 유진은 고개를 절레절레 흔들었다.

"아직 정식 직원으로 뽑힌 건 아니에요. 최종 시험이 남았거든요. 게다가 전 학벌도 그렇고 영어 성적도 영 신통치 않아서…… 다른 지원자들보다 많이 뒤처지는 것 같아요. 그래서 사실 최종 합격에 큰 기대는 없어요."

"하하하! 예전에는 그렇게 자신만만하더니 그 사이에 유진이가 많이 변했구나!"

J는 유진을 바라보며 껄껄 웃었다.

"변한 건 아니구요, 이제야 제 스스로의 위치를 깨달은 거죠, 뭐. 선배님! 예전처럼 그냥 선배라고 불러도 될까요?"

"아무렴! 나도 그게 듣기 편해. 이번 신입사원 전형이 어떻게 진행될지는 모르겠지만 기업에서 적어도 이런 식의 기획을 한다는 건 틀에 박힌, 그러니까 우리가 흔히 말하는 공부 잘하고 스펙 좋은 그런 사람을 뽑자는 건 아닐 거야. 그렇지 않다면 애초부터 원래 하던 방식인 공채로 뽑았겠지. 지금은 다양성의 시대잖아. 유진이 삶을 통해 얻은 경험과 교훈들을 잘 어필한다면 너에게도 분명 기회가 있을 거야. 그러니까 시작부터 그렇게 낙담할 필요 없어. 나라면 오히려 이런 상황을 즐길 것 같은데."

"즐긴다구요? 선배가 잘 몰라서 그래요. 지금 여기 분위기 엄청 살벌해요. 좀 전에 점심을 먹는데 밥이 입으로 넘어가는지 코로 넘어가는지도 잘 모르겠더라구요."

J는 유진의 어두워진 표정을 보며 고개를 끄덕였다.

"경쟁이라고 생각하면 당연히 부담이 될 수밖에 없지. 그러니까 경쟁을 즐길 수 있어야 해. 왜냐하면 경쟁은 특별

한 경험이거든. 우리가 정말로 진지해지는 시간이지. 설령 승부에서 지더라도 그 과정에서 우리 인생에 도움이 될 큰 교훈을 얻을 수 있거든."

"교훈이요?"

"그럼. 난 그래서 일부러 경쟁을 즐기는 편이야. 경쟁을 제대로 즐기려면 말이야…… 음, 그건 이야기가 좀 길어질 거 같은데, 나중에 기회가 되면 자세하게 이야기하기로 하자. 우선 결론부터 말하자면, 이번 연수에서 최종 합격자 명단에 들지 못하더라도 지금이 바로 너의 인생을 통해 가장 소중한 경험이 될 수 있을 거라는 거지. 젊음이 우리에게 주는 가장 큰 선물은 바로 실패를 거듭할수록 더 단단해지고 더 큰 사람이 될 수 있도록 하는 용기니까. 네 나이 때는 실패도 필요한 법이야! 그러니까 실패 따윈 두려워 말고 이번 연수에서 최선을 다하도록 해."

"선배는 예전이나 지금이나 항상 긍정적이시네요. 네, 알겠습니다! 저도 선배의 당부처럼 즐기려고 노력할게요. 잘 될지는 모르겠지만."

유진은 경쟁을 즐긴다는 J의 말에 그 역시 자신과는 많이 다른, 이른바 요즘 말하는 '능력자' 같다는 느낌이 들었다.

"아, 그런데 선배는 이 리조트에 무슨 일로 오신 거죠?"

"음, 여기서 국제심리공학회가 열리거든. 거기 참석하려고 오늘 오전에 왔지. 이번 주 토요일에 진행되는데, 이번 세미나에서 '심리학적 이론을 통한 휴대 단말기에 최적화된 학습 도구'라는 주제로 강연을 할 예정이야."

"우와, 선배님이 직접요? 이젠 정말 세계적으로 유명하신 분이시구나. 저도 이번 주말까지 여기 있거든요. 이렇게 만나다니, 정말 대단한 우연이에요."

J의 말을 들은 유진은 무척 놀랍기도 하고 또 세계를 무대로 활동하는 그가 자랑스럽기도 했다.

유진과 J는 그동안 지내온 이야기를 나누며 웃음꽃을 피웠다. J는 유진의 이야기에 이어 그간 자신이 살아온 이야기를 들려주었다. 석사학위를 마치고 대기업에 다녔던 일, 심리학을 공학과 접목하려던 유학시절 이야기 그리고 돌아와서 교수가 된 과정들을 들려주었다. 따뜻하고 여유 있는 말투와 미소, 모두 예전 그대로였다.

"선배는 정말 대단하세요. 어떻게 공학에서 심리학으로

전공을 바꾸실 생각을 하셨어요?"

유진의 질문에 J가 웃으며 대답했다.

"전공을 바꾼 건 아니야. 난 다만 우리 뇌의 무한한 가능성에 착안했을 뿐이지. 그것도 생물학적인 사람의 뇌가 아닌 정신분석학적인 사람의 마음에 대해서 말이지. 이를 공학에 어떻게 접목해서 우리의 학습 효과를, 또 우리의 능력을 극대화할 수 있을지에 대해 연구하고 있어."

"와, 그럼 선배님은 그동안 사람의 정신세계를 연구해서 그걸 공학을 통해 활용할 수 있는 방법들을 연구하신 거군요. 완전 흥미로운데요."

유진은 뭔가 생각났다는 듯이 눈을 반짝이며 다시 J에게 물었다.

"그럼 선배, 도대체 산다는 건 무엇인가요?"

J는 흐뭇한 미소를 지었다.

"너는 여전히 엉뚱하구나. 예전에도 뜬금없이 철학적인 질문을 하고 그러더니 말이야. 산다는 게 무엇인지 내가 먼저 물어봐도 될까? 네 생각을 먼저 들어보고 싶은데?"

유진은 그동안 자신이 힘들게 지내왔던 생활들을 회상

하며 이야기를 꺼냈다.

"인생은 너무 지루해요. 매일 매일 다람쥐 쳇바퀴 돌 듯 똑같은 생활이 반복될 뿐이죠. 도무지 내겐 미래가 없는 것 같아요. 그래서 정신 분석의 전문가이신 선배는 어떻게 생각하는지 물어본 거예요."

J는 겸연쩍은 웃음을 지으며 말했다.

"전문가는 무슨. 사실 누구나 인생에 대해 그렇게 생각하기 쉽지. 단조롭고 지겹게 느껴지는 일상들. 그건 바로 네가 적어도 지극히 평범한 보통사람이라는 증거야."

"제가 기대한 대답은 아니네요. 뭔가 참신한 대답을 기대했는데. 그리고 평범하고 보통사람이라는 말이 나쁜 뜻은 아닐 텐데, 이상하게 제게는 좋게 들리지가 않네요."

유진은 실망한 듯 투덜거렸다.

J는 여전히 웃는 얼굴을 하며 이렇게 말했다.

"사람들은 누구나 자신이 좀더 특별해지기를 바라지. 그래서 보통사람이라는 말을 들으면 그런 거부감이 생기는 모양이야. 너도 좀 특별하게 살아보고 싶은가보구나?"

"네, 물론이죠. 마음은 늘 그런데 생각대로 잘 되지 않는 게 문제죠."

유진은 입을 삐죽거렸다.

"인생을 좀더 의미 있게 살 수 있는 마법이 있기는 한데, 어때? 한번 들어볼래?"

J는 유진의 눈을 똑바로 응시했다.

"마법이요? 정말 어디선가 돈이 펑펑 쏟아지기라도 하는 그런 마법이 있단 말이에요?"

유진의 반응에 J는 큰소리로 웃었다.

"인생에서 돈이 제일 중요하게 생각되는 모양이구나?"

유진은 자신이 던진 말이 스스로도 속물처럼 느껴지는 것 같아 정색하며 대답했다.

"아니에요! 예를 들면 그렇다는 거죠. 사실 돈이 있으면 행복한 건 맞잖아요. 아이들 교육도 더 잘 시킬 수 있고. 물론 건강도 중요하고, 성격 잘 맞는 좋은 사람 만나서 결혼하고 잘사는 것도 중요하다고 생각해요."

J의 목소리가 사뭇 진지해졌다.

"너를 보니 나도 옛날 생각이 나는구나. 너도 기억할는지 모르겠는데, 나는 될 수 있으면 인생을 낙관적으로 살려고 노력하는 편이었지. 그런데 사실 산다는 게 그렇게 호락호락하지만은 않더라구. 특히 좋은 대학에 가기 위해서 힘들게 공부했던 고등학교 시절이나, 또 전국에서 모여든 우수한 학생들과의 경쟁에서 뒤처지지 않으려고 애쓰던 대학 시절 동안 정말 많이 힘들었거든. 아무리 긍정적으로 받아들이려고 해도 오직 공부에만 몰두해야 한다는 게 힘에 부치고 괴롭기도 했어. 그 당시 나의 유일한 위안은 항상 내 옆을 지켜주던 친구들과 학교를 오가며 보던 밤하늘의 별들뿐이었어. 그러던 어느 날 영화 한 편을 보게 되었는데, 순간 뭔가에 머리를 얻어맞은 것 같은 엄청난 충격을 느꼈어. 그때가 바로 시간의 마법에 대해 깨닫게 되는 순간이었다고 할 수 있지."

유진이 다그치듯 물었다.

"시간의 마법이요?"

J는 시간의 마법을 알게 된 처음 그 순간을 떠올린 듯 환한 미소를 지어보였다.

"그래, 시간의 마법. 바로 오늘 너에게 해주고 싶은 이야기이기도 해. 시간의 마법을 제대로 이해하면 아무리 힘든 과정도, 또 절대 이룰 수 없을 것 같은 일들도 그리 어렵지 않게 이겨내고 이루어낼 수 있거든."

"와, 뭔가 대단할 것 같은 느낌이에요. 그런 게 정말 있어요?"

"나도 처음 깨닫는 순간 무척 놀라긴 했어. 그런데 그 이후로는 세상이 정말 달라 보였지. 자, 나랑 약속 하나 하자. 그럼 말해줄게."

유진은 궁금해서 안달이 났다.

"어떤 약속이요?"

"매일 10분만 내 이야기를 들어주면 돼. 길지 않은 시간이니까 할 수 있겠지?"

J는 '10분'을 강조했다.

유진은 웃으며 힘차게 대답했다.

"네, 물론이죠. 고작 10분인데요, 뭐. 오히려 제가 더 감사하죠."

첫 번째 이야기 시간의 마법

당신에게 주어진 삶이 하루밖에 없다면
남을 돕고, 피아노를 배우고 그리고 사랑을 고백하라

J는 영화에 대한 이야기를 시작했다.

"지금 너에게 들려줄 이야기는 〈그라운드호그 데이 Groundhog Day〉라는 오래된 영화에 대해서야. 내가 대학생일 때 봤던 영화인데, 당시 내게는 엄청난 충격이었거든. 우리나라에는 〈사랑의 블랙홀〉이라는 제목으로 개봉되었었지."

유진이 기억난다는 듯이 말했다.

"아, 그 영화! 주인공이 로맨틱 코미디로 유명한 사람이었죠? 저도 언젠가 본 것 같아요."

J는 웃으며 이야기를 이어갔다.

"그럴 거야. 많은 사람들이 좋아했던 영화이기도 하고 또 주연 배우들의 코믹한 연기도 일품이었지. 아마 TV에서도 여러 번 방송해주지 않았을까 싶다."

"네, 저도 기억나는 걸 보니 그런 것 같아요. 그런데 그 영화가 그렇게 충격적이었나요? 의원데요. 전 그저 재밌었다는 기억밖에 없어서요. 줄거리도 잘 기억이 안 나고."

유진의 반응을 예상이라도 했다는 듯이 J는 설명을 이어갔다.

"그래, 많은 사람들에게 이 영화 이야기를 하면 다들 반응이 그랬어. 특별한 게 뭐가 있었냐고. 하지만 나는 좀 달랐어. 이 영화를 보고 나서 뭔가에 맞은 것 같은 충격에 빠졌었거든. 당시 나는 정말 많은 걸 생각했고, 그 이후 내 인생이 상당히 바뀌었으니까."

유진은 J의 말을 이해할 수 없었다. 코미디 영화를 보고 충격을 받다니, 대체 그 영화에 그럴 만한 내용이 있었나? 유진의 궁금증이 더해만 갔다.

"그 정도였나요? 도대체 영화에서 느낀 게 뭔지 좀더 자세하게 말해주세요."

J는 담담하게 말을 이어갔다.

"좋아. 유진이가 예전처럼 진지하게 나의 이야기를 들어 주니 기분 좋은데. 그럼 영화 이야기를 좀더 해볼까?"

마모트의 마법

"그 영화는 한 유명한 리포터가 미국 어느 지역의 고유 행사 를 취재하는 장면으로 시작해. 너도 봤으니까 아마 기억날 거야. 그날은 '그라운드호그 데이'라는 미국 고유의 기념일 이야. 우리말로는 성촉절이라고 하던데, 아마 2월 2일 일거 야. 다람쥐의 일종인 그라운드호그, 그러니까 마모트Marmot 가 겨울잠에서 처음 깨어나는 날이라고 해서 불리어진 명칭 이지."

"우리나라의 경칩 같은 거군요?"

"그렇다고 할 수 있지. 자, 그럼 먼저 그라운드호그 데이 가 갖는 중의적인 의미를 설명해줄게. 이날은 봄이 시작되는 날인데, 만약 깨어난 마모트가 아직도 드리워져 있는 자신

의 그림자를 보고 놀라서 다시 들어가면 겨울이 6주 더 계속
된다는 미신이 있어. 다시 말해서 겨울이 반복되는 셈이지.
이처럼 그라운드호그 데이엔 마모트의 마법에 따라서 겨울
이 반복될 수도 있고, 마침내 기다렸던 봄을 맞이할 수도 있
다는 거지. 그리고 사람들은 이런 마모트의 선택을 기뻐하고
축하하는 거야. 바로 이 '마모트의 마법'이 이 영화의 모티브
인 셈이지."

"재미있는 기념일이네요. 겨울이 반복될 수도 있다니.
우리처럼 개구리가 뛰쳐나온다고 해서 무조건 봄인 게 아니
군요."

J는 유진에게 미소를 지어보이며 이야기를 계속했다.

"주인공인 필Phil은 TV 기상 리포터로 매우 자기중심적
이고 매사 냉소적인 캐릭터로 설정되어 있어. 사실은 겨울의
마법을 거는 마모트의 이름도 '필'이니까 이 역시 중의적이라
고 할 수 있지. 2월 2일의 행사를 취재하기 위해서 펜실베이
니아의 어느 마을을 방문한 필은 일진도 안 좋고 같이 일하
는 스텝도 영 마음에 들지 않았어. 어떻게든 빨리 방송을 마
치고 서둘러 돌아가고 싶은 마음뿐이었지. 하지만 폭설 때문

에 발이 묶이고 결국 그 마을에 고립되어 다시 호텔에서 하룻밤을 묵게 되자 필의 불만은 커져만 갔어."

"제가 아는 PD하고 비슷하네요."

유진은 예전 리포터 시절 까칠하던 프로듀서가 생각났다. J는 허허 웃고는 계속해서 이야기를 이어갔다.

"그런데 문제는 여기서부터야. 다음날 아침 잠에서 깨어보니 날짜가 여전히 전날과 똑같은 2월 2일인 거야. 필은 몹시 놀랐지. 그런데 더욱 놀라운 것은 다음 날도 또 그 다음 날도 여전히 2월 2일인 거야. 2월 2일이 반복되는 시간의 마법에 빠진 거지. 마치 마모트가 놀라 다시 들어가버려서 기나긴 겨울이 반복되는 것처럼 말이야."

"아, 기억나요. 6시인가? 라디오 알람을 맞춰놓았는데, 매일 똑같은 노래를 들으면서 깨어나는 거 맞죠?"

"그래, 맞아. 매일 같은 날이 반복된다면 너는 어떨 것 같니?"

"글쎄요. 전 재밌기도 할 것 같아요. 친구들과 신나게 놀고. 어차피 내일이면 또 같은 날이 반복될 거잖아요. 날짜 재충전!"

어린아이처럼 신이 나서 떠드는 유진의 천진한 모습에 J는

얼굴 가득 미소를 지었다.

"맞아. 필도 처음엔 그랬어. 마음에 들지 않던 마을이 점점 재밌게 느껴졌지. 무슨 일이 일어날지 이미 알고 있으니까 친구들에게 장난도 치고, 여자들에게도 마음대로 치근대며 들이대기도 하고."

"정말 신났겠어요."

"그런데 그 즐거움은 오래가지 않았어. 뭔가를 하고 싶어도 다음 날이면 다시 물거품이 되어버리는 그런 인생이 그렇게 재미있는 상황만은 아니었겠지. 나라도 매일 같은 날이 반복된다면 미쳐버릴지도 모르니까."

유진이 눈을 동그랗게 떴다.

"생각해보니 그렇군요. 공든 탑이 물거품이 된다면, 무척 허무하겠는 걸요. 그래서 필은 어떻게 되나요?"

"필은 이 현실을 비관해서 자살을 시도하지만, 죽을 수도 없었어. 아무리 죽고 싶어도 결국 똑같은 음악을 들으며 2월 2일에 다시 깨어나니 말이야. 죽음의 무서운 경험만 기억 속에 남아 있을 뿐이지. 그건 정말 두려운 일일 거야. 거의 모든 걸 포기한 필은 그제야 주변을 둘러보게 돼. 그리고는 같이 일하는 PD 리타의 참모습을 발견하고는 점점 사랑에 빠지게 되지."

"하지만 다음 날이면 다 수포로 돌아가는 거잖아요."

"그렇지. 필은 어떻게 해도 그녀의 마음을 돌릴 수 없었어. 하루란 시간이 사랑을 얻기에 그렇게 충분한 시간이 아니었거든. 어차피 이렇게 된 거, 그는 사람들을 도우면서 살기로 마음먹었어. 하루밖에 못사는 인생, 좀더 많은 사람이 행복해지고 또 본인도 고맙다는 인사를 듣는 게 훨씬 낫다는 걸 깨달은 거야. 작은 것부터 하나하나 실천했어. 언젠가부터 치고 싶었던 피아노와 얼음 조각 같은 것도 배우기 시작했지. 동료들도 언제 그런 걸 다 배웠느냐며 새로운 그의 모습에 놀라워 해. 필은 기분이 좋았어. 자신이 하루 만에 보여줄 수 있는 일이 점점 많아졌거든. 시간에 쫓기며 살 때는 꿈에도 생각하지 못했던 일들이지. 그러자 신기한 일이 일어났어."

"드디어 그 시간의 마법에서 빠져 나온 건가요?"

유진은 결과가 너무도 궁금했다.

"그렇지는 않아. 여전히 같은 날이 반복되었지. 다만 아침에 깨어나도 그렇게 괴롭지만은 않다는 거야. 사람들을 돕고 무언가를 배우고, 매일 그렇게 반복되는 일상이지만 나날이 늘어가는 자신의 능력, 사람들의 칭찬과 격려에 신기하게도 즐거워졌거든."

"아, 인생의 기쁨과 보람 같은 걸 배운 셈이군요!"

"그래. 그동안 자신이 살아온 인생이 얼마나 무의미했는지 깨닫게 된 거지. 비록 하루밖에 없는 삶이지만 자신을 위해 조금씩 투자했고 그러면서 많은 것들을 할 수 있게 되었어. 어려운 처지에 있는 사람들을 돕고 또 고마워하는 사람들의 미소에서 보람과 즐거움을 느끼면서 사람을 아끼고 사랑한다는 게 얼마나 행복한 일인지를 깨닫게 된 거지. 그리고 자신이 사랑하는 여인 리타에게도 이런 변화한 자신의 모습을 하나둘씩 보여주고 또 사랑을 고백하고 싶다는 소망도 계속해서 키워가게 돼."

유진이 J를 재촉했다.

"그래서요, 그래서 어떻게 되었는데요?"

"리타와 함께 많은 이야기를 나누면서 자신의 진심을 이야기했어. 리타는 이미 필이 여러 면에 조예가 깊고, 좋은 일도 많이 하며, 사람들의 애정과 관심을 받는 모습을 지켜보고 있었어. 필은 축제에서 멋지게 피아노를 치고 노래를 하면서 사람들을 정말 행복하게 만들었거든. 리타도 그 모습을 흐뭇하게 지켜봤던 거지. 비록 하루 동안 일어난 일이지만 리타는 필의 그런 모습에 감동했고, 그를 다시 보게 되었어. 결국 리타는 필에게 마음을 열었고 둘은 사랑을 나누게 돼. 그리고는……."

"아! 그렇게 해서 시간의 마법에서 벗어나는군요!"

"그래, 맞아. 아침에 눈을 떴을 때, 비로소 눈으로 덮인 새로운 날이 시작되었음을 알게 되지. 필은 너무나도 기뻐서 이렇게 소리쳤어. '오늘이 무슨 날인지 알아? 오늘이 바로 내일이라구!' 너무나도 당연한 말 같지만, 그에겐 정말로 기쁜 순간이었던 거지. 그렇게 해서 시간의 마법은 풀리게 돼."

"아, 사랑의 힘은 정말 대단한가 봐요."

J가 웃으며 말했다.

"그래. 사랑의 힘이 대단하긴 한가보다. 그런 마법도 이겨내고. 그런데 나에게 충격적인 건 그게 아니었어."

"그럼 뭐죠? 사랑의 힘이 결국 주제 아닌가요?"

"아니. 나에겐 바로 시간의 마법이 핵심이었어. 왜냐하면 정신을 차려보니 나도 시간의 마법에 걸려 있더라고."

"선배가 시간의 마법에요? 설마."

시간의 마법에 걸리다

"영화를 보는 내내 뭔가 느낌이 이상했어. 주인공의 상황이 왠지 익숙했거든. 영화를 보고 나서 곰곰이 생각해봤지. 이 영화가 나에게 전해주는 메시지에 대해서 말이야. 그 당시 나의 생활을 보면, 나도 필처럼 매일 똑같은 알람 소리를 들으며 똑같은 시각에 일어났거든. 그리고 매일 똑같은 노선의 버스를 타고 학교에 가고 똑같은 사람들과 만나고, 또 그리고 똑같은 버스를 타고 집에 오고 그리고 또 다음날 역시 똑같은 알람 소리에 잠을 깨고……."

유진이 놀란 표정으로 대답했다.

"아, 그렇게 생각할 수도 있겠네요. 날짜만 다를 뿐 사실 거의 같은 날이나 다름 없잖아요."

J는 고개를 끄덕였다.

"그래, 바로 그거였어. 내가 바로 시간의 마법에 걸려 있었던 거야. 비록 다음 날이면 새로운 날이 오기는 했지만 그 때는 몰랐어. 매일 같은 생활의 반복이었으니까, 결과적으로 같은 날이 반복되는 것과 마찬가지였지. 다만 내가 깨달은 것은 문득 정신을 차려보면 이미 많은 시간이 흘러가 있다는 사실이었어.

바로 그거야! 시간의 마법에 걸려 있는 바람에 시간이 정지한 것처럼 지루하게 느껴지고 또 그렇게 의미 없는 하루

하루를 보내고 있었지만, 사실은 어마어마한 시간이 이미 흘러가고 있었던 거야. 시간의 마법 때문에 잃어버린 나의 엄청난 시간들. 그 사실을 깨닫고 나니 갑자기 소름이 끼쳤어."

J의 미간이 살짝 꿈틀댔다.

"그러면서 그동안의 나의 생활과 나의 하루에 대해 곰곰이 생각해봤어. 영화 속 주인공 필처럼 너무 민감하게 사람들을 대했던 건 아닌지, 매사 너무 조급해하진 않았는지, 나의 상황과 처지를 지나치게 비관하고 불평한 건 아니었는지, 진정으로 내가 하고 싶었던 것들에 대해 단지 시간이 없다는 핑계로 용기를 내지 못하고 있었던 건 아닌지. 그리고 나를 스쳐가는 사람들에게 무심하거나 무례하지는 않았는지, 그래서 인생의 진정한 즐거움인 사람들과의 만남에서 얻을 수 있는 사랑, 보람 같은 것들을 잊고 산 건 아닌지……."

J의 진지한 자기고백에 유진 역시 지난날을 떠올렸다.

"사실 필에게 하루가 반복되는 마법이 없었더라도 필이 매일매일을 그렇게 열심히 살았더라면 충분히 다 얻을 수 있는 것들이었네요. 생각해보니 저도 선배와 같은 상황이에요. 하루하루가 정말 무의미하고 지겨웠어요. 친구들하고 비교할 때마다 내 처지가 너무 싫기도 했고, 특별히 하는 일도 없으면서 바쁘다는 핑계로 주변 사람들에게도 무심했구요."

유진은 잠시 말을 멈추었다. 호주에 있는 가족이 생각난 것이다. 바쁘다는 핑계로 꽤 오랜 시간 동안 연락 한번 하지 못 한 가족들.

"결국 하루하루 무엇을 위해 살았나 싶어요. 호주에 있는 엄마한테 전화라도 한 통 드려야겠어요. 제가 S상사 입사시험에 합격한 걸 알면 무척 기뻐하실 텐데."

유진의 눈가가 발갛게 물들며 그렁그렁 눈물이 맺혔다.

"당연히 그래야지. 나도 너처럼 내 주변 사람들에게 좀 더 관심을 갖고 잘해주어야겠다는 생각이 가장 먼저 들었었거든. 그리고는 시간의 마법을 잘 극복하려면 어떻게 해야 할지에 대해 곰곰이 생각했지."

"그래서 어떤 일들을 하셨어요?"

유진이 정말로 궁금해 하던 이야기를 들으려는 순간, 인사 담당자의 오후 일정 시작을 알리는 벨 소리가 들렸다.

"아, 시간이 벌써 이렇게 되었나? 선배와 이야기를 나누다보니 시간이 어떻게 지나가는지도 모르게 빨리 가버렸어요. 어떻게 시간의 마법을 극복할 수 있는지 너무너무 궁금한데, 어떡하죠.”

“오후 시간이 있잖아. 내일도 있고. 연수 일정이 9시에 끝난다고 했지? 그럼 매일 저녁 9시 10분에 지금 이 로비 카페에서 보는 걸로 하자.”

“네, 그래요. 그럼 오늘 밤부터 보는 건가요?”

“그래. 오늘 밤부터 보자. 시간의 마법에 우리의 소중한 오늘을 뺏기지 않으려면! 시간의 마법에 대한 깨달음은 오늘의 나를 있게 한 정말 소중한 경험이었으니까, 부디 나의 그 경험이 네게도 도움이 되기 바란다!”

“고마워요, 선배. 저녁에 봬요!”

J와 급하게 인사를 나눈 유진은 오후 일정이 진행되는 소강의실로 서둘러 발걸음을 옮겼다. 강의실로 가는 동안 유진의 머릿속은 이런저런 생각들로 분주했다. 시간의 마법이라! 매일매일 단조로운 삶, 그러면서도 시간에 쫓기는 생활, 항상 아쉬운 세월, 흘러가버린 시간들. 생각해보니 유진도 시간의 마법에서 헤어나지 못하고 있기는 마찬가지인 것 같았다. 그렇다면 어떻게 이 상황을 극복할 수 있을까? 선배는

어떻게 해낸 것일까? 유진은 이 모든 게 궁금해서 견딜 수가 없었다. 하지만 선배의 말대로 우선 호주에 있는 엄마에게 전화부터 해야겠다고 생각했다.

전화기 버튼을 누르는 유진의 가슴이 벅차올랐다. 정말 오랜만에 느끼는 감격스런 기분이었다.

유진의
메모

1. 시간의 마법

+ '시간의 마법'에 빠져버린 한 남자의 이야기를 그린 영화 <그라운드

   호그 데이>. 이 영화에서는 같은 날이 반복되지만, 결국 우리의 인생

   도 비슷한 날이 매일 반복되는 '시간의 마법'에 걸려 있다.

+ 시간의 마법을 어떻게 활용할 수 있을까?

두 번째 이야기 과거의 마법

내일은 미래지만 하룻밤이 지나면
현재는 과거가 되고 내일이라는 미래는 현재가 된다

소강의실에 모인 예비 신입사원들은 연수에 대한 기대
감으로 잔뜩 상기된 표정이었다. 어느 정도 낯이 익은 연수
생들끼리는 인사를 나누며 서로에 대해 알아가고 있었다.

뜻밖의 문제

첫 번째 프로그램의 주제는 '회사'였다. S상사에 대한 소개
영상과 회사의 비전 그리고 연혁 등에 대한 소개가 이어졌

다. 강사는 자신을 상무라고 소개한 뒤 자랑스럽게 회사에 대한 이야기를 시작했다.

S상사는 글로벌 기업이다. 따라서 회사의 비전 역시 'Global Challenge, Global Mind'로서 세계적인 무역 기업임을 상징하고 있었다. 그리고 곧이어 기업의 핵심 역량과 핵심 가치에 대한 소개가 이어졌다.

강사의 설명을 듣는 것만으로도 유진의 가슴은 벅차 오르고 뿌듯했다. 그동안 해왔던 이런저런 아르바이트와는 차원이 다른 업무 비전과 범위였다. 국외 지사는 모두 여덟 개였으며, 유진이 있었던 호주 시드니에도 하나의 지사를 두고 있었다.

'호주 지사에서 근무할 수 있게 되면 참 좋겠다.'

좀 전에 엄마와 나누었던 통화의 여운 때문인지 지도 위 오세아니아 지역에 선명하게 표시된 시드니 지사가 무척이나 반가웠다. 부모님이 계신 호주. S상사의 직원으로 그곳에서 일할 수만 있다면 얼마나 좋을까. 회사에 대한 이런저런 이야기를 듣는 동안 다른 신입사원들도 회사의 다양한 모습과 비전에 감동하는 눈치였다.

약 두 시간에 걸친 강의가 끝나고 강사의 의미심장한 발언이 이어졌다.

"마지막 날 오늘 제 강의 내용에 대한 시험이 있을 겁니다. 여러분은 아직 정식으로 채용된 게 아니라는 거 기억하고 계시죠? 제가 듣기로 약 50퍼센트의 사람만이 그 행운을 누릴 수 있다고 하니, 최선을 다하시기 바랍니다!"

연수생들이 일제히 놀라 동요했다. 유진 역시 당황스럽기는 마찬가지였다. 그때 뒤쪽에 있는 한 연수생이 질문을 던졌다.

"혹시 강의 자료집은 배포가 안 되는 건가요?"

"네. 대부분의 연수 일정에서 강의 자료는 배포가 안 될 예정입니다. 그러니 강의에 집중하시기 바랍니다."

기대와 다른 강사의 답변에 연수생들은 실망을 감추지 못했다.

'이럴 줄 알았으면 열심히 메모라도 해두는 건데.'

유진 역시 호주 지사에서 일하게 되면 좋겠다는 단꿈에 빠져 있던 터라 강의 내용이 잘 기억나지 않았다.

'방금 전에 들은 강의인데 어쩜 이렇게 하나도 기억이 안

나지?'

다른 연수생들도 그제야 노트를 꺼내 조금이라도 기억나는 부분들을 적어보려 애썼다. 유진은 연수가 시작부터 만만치 않다는 생각이 들었다.

"다만 시험 문제 중에서 하나를 먼저 알려드리도록 하겠습니다."

강사의 뜻밖의 말에 모든 연수생들이 동작을 멈추고 강사를 바라봤다. 강사는 한 명 한 명의 연수생을 찬찬히 바라보며 문제에 대한 이야기를 이어나갔다.

"아마 이게 가장 마지막 문제가 될 것입니다. 메모 하셔도 좋습니다. 자, 마지막 문제! '우리 S상사의 가장 중요한 가치'입니다."

연수생들이 술렁였다. 가장 중요한 가치라니.

"추상적 개념입니까? 아니면 사람 같은 구체적인 것입니까?"

맨 앞자리에 앉아 있던 연수생이 질문했다.

"스무고개를 하는 것 같군요. 하지만 힌트는 없습니다. 여러분이 1주일간 생활하면서 우리 S상사가 무엇을 중시하는지 곰곰이 생각하고 느낀 점을 답으로 쓰시면 됩니다. 어떤 답이라도 좋습니다. 그럼 즐겁고 보람 있는 연수가 되기를 기원하면서 이번 강의를 마치겠습니다."

힘찬 박수 소리를 뒤로 하고 강사는 강의실을 나섰다. 유진은 혼란스러웠다. 준비가 되지 않은 상태에서의 시험 이야기며 그리고 마지막 문제까지. 그것도 전혀 알 수 없는 수수께끼 같은 문제라니.

'과연 이 회사는 무엇을 가장 중요하게 여길까?'

쉬는 시간이었지만 유진을 비롯한 모든 연수생들이 생각을 정리하느라 자리를 뜨지 못했다.

브레인스토밍

약 20분간의 쉬는 시간 이후 이어진 첫날 마지막 프로그램의 주제는 '창의성'이었다. 먼저 '회사의 경쟁력을 위한 창의적 의견'이라는 구체적인 과제가 주어졌다. 그리고 연수생들에게 그 과제에 대한 아이디어를 생각나는 대로 제시하도록 했다. 제일 앞쪽에 앉아 있던 유진이 가장 먼저 지적을 받았다.

하지만 생각이 잘 떠오르지 않았다. 유진은 아무 말도 못하고 벌게진 얼굴로 한참을 머뭇거리며 서 있었다. 연이어 지적받은 다른 몇몇 연수생들은 그사이 생각을 해냈는지 그나마 한두 가지 정도의 아이디어를 제시했다.

유진은 억울하다는 생각이 들긴 했지만 어쩔 수 없었다.

강사는 예상했다는 듯 사람들의 생각의 한계에 대해 역설하기 시작했다.

"답변이 쉽지 않죠? 여러분들의 경험이 그만큼 부족하다는 걸 의미합니다. 사람에 대해서 알고 싶으면 대화를 해보라고 했습니다. 전문가라면 몇 가지 질문을 해보는 것만으로도 대충 다 파악이 되죠. 그래서 저는 면접시험의 비중이 좀더 커져야 한다고 생각합니다."

유진은 여전히 민망했다. 콕 집어 자신의 이야기를 하는 것만 같았다. 좀더 침착하게 말했어야 했다는 후회와 첫 인상을 제대로 심어주지 못했다는 생각에 부끄러워 더더욱 위축되는 느낌이었다.

"자, 이제 여러분의 잠재되어 있는 능력을 한번 살펴보도록 하겠습니다."

강사는 연수생들을 네 개의 그룹으로 묶어 자리를 배치했다. 브레인스토밍Brain Storming이라는 아이디어 도출 회의가 시작된 것이다. 브레인스토밍에 대한 강사의 설명이 이어졌다.

"브레인스토밍은 원래 광고회사에서 아이디어를 내기 위해 시작했다고 알려져 있습니다. 혼자서 아이디어를 고민하면, 누구나 자신의 과거 경험이라는 테두리에 갇혀서 극히 제한된 아이디어만을 제시하게 되지요. 경험이 많은 사람은 좀더 아이디어 풀이 넓고, 그렇지 않은 사람은 아이디어를 만들어내는 자체가 힘든 게 일반적입니다. 그런데 브레인스토밍과 같은 집단 발상은 이런 과거의 틀을 깨는 데 매우 효과적입니다.

일단 머릿속에서 자유롭게 발상을 펼친 다음 딱히 주제와 직접적인 관련이 없더라도 그 발상들을 하나하나 이어서 도출하다 보면, 그것들이 서로의 기억의 틀을 깨고 이어져서 전혀 생각지도 못한 아이디어가 만들어지도록 하는 기법입니다. 즉, 개인이 가지고 있는 과거의 틀의 한계를 극복하기 위해 매우 유용한 기법이라고 할 수 있습니다."

브레인스토밍을 좀더 효과적으로 하기 위해 강사는 다음과 같은 원칙을 설명했다.

- 절대 다른 사람의 아이디어에 대해 비방하지 않는다.

  (자유로운 사고의 흐름을 막기 때문이다)
- 정리된 생각을 원하지 않는다.

  (생각 나는 대로 무조건 많은 양을 쏟아낸다. 순서도 상관없다)
- 다른 사람의 아이디어를 마음껏 이용한다.

  (이것이 바로 개인의 과거에 의한 생각의 틀을 깨는 열쇠다)

유진은 처음엔 좀 긴장했지만, 다른 연수생들의 다양한 의견을 듣고 차츰 용기를 내기 시작했다. 하지만 여전히 움츠러든 마음을 펴기가 쉽지 않았다. 특히 처음 답변에 실패한 이후 그 민망함 때문에 주변 사람들을 제대로 쳐다볼 수도 없었다. 어쨌든 여러 의견이 쏟아져 나왔고 그것들을 이렇게 저렇게 묶어서 정리하자 꽤 쓸 만한 내용이 되었다. 연수생들은 모두 스스로가 만든 결과물에 감탄했다. 유진 역시 개인별로 질문했을 때와 다른 결과에 적잖이 놀랐다.

'아, 이래서 과거의 틀이라는 게 무서운 거구나. 그걸 탈피할 방법만 있다면 이렇게 많은 아이디어가 만들어질 수 있다니 놀라운걸.'

각 조별로 제출한 자료들은 강의가 끝날 무렵 벽에 나란히 게시되었다. 강사는 각 조별 자료에 대해서 간단한 코멘트와 함께 평가를 시작했다. 이 평가에서는 B조가 최우수, C조가 우수의 성적을 받았으며, 유진이 속한 A조와 나머지 조들은 열심히 노력했다는 의견만 받을 수 있었다.

첫날 일정을 마친 연수생들은 식당에 모여 하루 동안 있었던 일들을 이야기하며 함께 식사를 했다. 어색했던 점심시간과는 달리 그 사이 꽤나 친근해진 분위기였다. 누가 시킨 것도 아닌데 자연스럽게 함께 그룹 토의를 했던 팀원들끼리 모여서 서로 인사를 나누는 자리가 마련되고 있었다. 그때 인사 담당자가 식당에서 한 가지 공지사항을 전달했다. 각자에 대한 평가는 매일매일 정리되고 있으며 강의실 옆 컴퓨터실에서 조회가 가능하니 확인하고 더욱 분발하라는 내용이었다. 식사를 마친 사람들은 자신들의 성적을 확인하러 하나둘씩 컴퓨터실로 향했다. 유진도 궁금하긴 했지만 컴퓨터실이 조금 한가해질 때까지 기다리기로 했다.

떨리는 마음으로 컴퓨터실을 찾은 유진은 자신의 점수를 확인하고 실망을 감추지 못했다. 그날의 최고점은 55점이었으며, 유진의 점수는 30점으로 현재 순위 38위였다. 그리고 "분발하세요"라는 코멘트도 함께 적혀 있었다. 그걸 보는 순간 유진은 얼굴이 화끈거렸다. 혹시라도 뒷사람이 보지 않을까 얼른 창을 닫고 자리에서 일어섰다.

유진은 오늘 이렇게 저조한 평가를 받게 된 요인에 대해 곰곰이 생각했다. 아무래도 강의 중간중간에 이루어졌던 질문과 답변 그리고 오후에 있었던 그룹 브레인스토밍 토의 과정에 대한 평가들이 반영된 것 같았다. 들뜬 마음이 여전히 진정되지 않아 사실 오늘 강의에 집중하지 못했던 건 사실이다. 게다가 질문 한번 한 적도 없으며, 오후 창의력 시간에는 답변조차 제대로 못하고 머뭇거리다 말았고, 또 단체 성적도 좋지 않다보니 결국 저조한 성적이 나올 수밖에 없었으리라. 당연한 결과라는 생각이 들었다.

우울한 마음에 숙소로 돌아온 유진은 J와의 약속을 떠올리고는 로비에 있는 카페로 무거운 발걸음을 옮겼다. J선배는 아직 와 있지 않았다. 유진은 회사에서 나누어준 노트를 꺼내 들고는 오늘 배운 내용들을 떠올리며 요약해서 적기 시작했다.

과거의 마법과 기억

"배운 것들을 정리하고 있었구나. 오늘은 뭘 했니?"

드디어 J가 모습을 드러냈다.

"아, 오셨어요? 오늘은 그냥 첫날이라 회사 소개에 대해 들었어요. 그리고 두 번째 프로그램에서는 창의력에 관한 토의를 했구요. 강사로부터 과거라는 생각의 틀에 갇혀서 사고가 제한될 수 있다는 사례에 대한 설명도 들었어요. 브레인스토밍을 통해서 다른 사람의 도움으로 생각의 틀을 극복하는 법도 깨달을 수 있었구요."

"그랬구나. 좋은 경험을 했네. 너의 설명을 들어보면 오늘 강의의 핵심 주제는 '과거로부터 만들어진 생각의 틀을 벗어나자. 나의 생각을 좀더 유연하게 하고, 다른 사람의 생각으로부터 영감을 얻자' 이렇게 정리할 수 있겠는데."

"네, 맞아요. 어떻게 제 이야기만 듣고 그렇게 간결하게 정리하시죠? 역시, 대단하세요! 아, 그런데 저는 여전히 우울하기만 해요. 오늘 하루 동안의 연수 성적이 거의 바닥이에요. 더 잘할 수 있었는데, 너무 아쉽고 안타까워요."

유진의 표정이 이내 어두워졌다. J는 유진의 어깨를 가볍게 토닥이며 위로했다.

"아까 점심에 내가 했던 이야기를 잘 기억해 봐. 아마 회사에서 공개하지 않아도 될 점수를 굳이 알려주는 이유는 성적이 뒤처진 연수생들에게 만회할 기회를 주려는 걸 거야. 오늘 유진의 성적이 안 좋긴 했지만 그만큼 반성하고, 또 왜 본인이 뒤처졌는지 그 이유를 분석하기 위해 노트를 꺼내 들었잖아. 바로 그런 것들이 젊은이들에게는 더없이 소중한 경험이고 다른 사람들을 따라잡을 수 있도록 하는 계기가 되는 거지."

"하긴 제가 오늘 좀 안일하게 대처하긴 했어요. 그런데 막상 그렇게 낮은 평가를 받으니까 당황스럽기도 하고 정신이 번쩍 나는 느낌이에요."

"실패를 두려워하지 않아야 하는 이유가 바로 그거야. 특히 젊은 날의 실패는 정말 훌륭한 스승이지. 내가 현재 가고 있는 길의 문제점에 대해서도 알려주고, 미래에 가야 할 길을 알려주기도 하니까. 자, 이제 우리가 하기로 했던 이야기를 다시 꺼내볼까? 시간의 마법을 극복하는 법에 대해서 이야기하기로 했었지?"

"네, 선배! 정말 기대돼요."

유진은 바짝 다가앉으며 노트를 펼쳤다.

"오늘 유진이 연수 프로그램에서 깨달은 점도 많고 또 후회되는 일도 많다고 하니까, 시간의 마법을 이해하기 전에 먼저 과거의 마법에 대해 이야기해보자."

"과거의 마법이요?"

유진은 노트에 과거의 마법이라고 또박또박 적었다.

"내가 항상 가지고 다니는 그림이 하나 있는데, 이걸 한 번 보렴."

J는 유진에게 자신이 가지고 있던 다이어리 속표지에 붙어 있는 그림을 보여주었다.

"아, 이건 초현실주의 그림이네요. 달리, 맞죠?"

"맞아, 살바도르 달리의 〈기억의 지속The Persistence of Memory〉이라는 그림이지. 기억의 고집으로 번역되기도 하는

데, 나에겐 기억의 지속 또는 존속이라는 해석이 더 와 닿는 것 같아."

"그럼 이 그림 속에서 늘어져 있는 시계들이 우리 기억 속의 모습이라는 건가요?"

"작가의 직접적인 언급이 있지 않는 이상 작가의 정확한 의도를 알기는 어렵지. 나도 아직은 공식적으로 발표된 그림에 대한 해설을 찾아보지는 못했고, 다만 그의 자서전을 통해서 시계에 대해 반감을 가지고 있다는 것은 확실하게 느낄 수 있었어. 항상 일정한 동작으로 시간의 흐름을 명확하게 지시하는, 가장 기계다운 기계인 '시계'에 대한 반감! 시간에 대한 개념과 그림을 좋아하는 나로서는 굉장히 흥미 있는 소재이자 나에게 어떤 메시지를 주는 그림이기도 해."

유진이 자세하게 그림을 살펴보며 물었다.

"선배에게 이 그림은 어떤 의미인가요?"

"그림에는 여러 개의 시계가 특정 시간에 멈춰진 채 여기저기에 널려 있지. 녹아버린 시계들. 나는 이 그림을 보면서 우리 기억 속에서의 시간의 의미를 다시 생각하게 되었어. 흐물흐물 녹아버린 시계처럼 희미해져가는 기억들. 바로 우리 과거의 기억들이 그렇게 되어버린다는 거지."

"과거의 모든 시간들이 치즈처럼 녹아버리는군요."

J가 미소를 지었다.

"바로 그거야. 우리의 즐거웠던 순간들, 행복했던 순간들 그리고 가슴 아픈 기억의 순간들이 모두 우리 기억 속 여기저기에 널브러져서 녹아가고 있는 거지. 그러니까 과거 내가 아무리 대단한 사람이었다고 해도 지금 보면 다 이 그림에서처럼 부질없어지는 거지."

"그러면 과거는 하나도 중요하지 않다는 말인가요?"

J는 고개를 설레설레 저었다.

"과거가 중요하지 않다는 의미는 아냐. 우리는 과거로부터 많은 걸 배우지. 지금 우리의 모습도 모두 과거의 노력과 경험의 산물이니까. 하지만 내가 강조하는 것은 어차피 과거의 일들은 그림에서처럼 녹아버리고 잊혀져갈 뿐이라는 거지. 중요한 건 현재고 또 앞으로 올 미래라는 거야."

"과거에 너무 집착하지 말라는 뜻이군요. 그런데 저는요, 오히려 과거가 잘 기억이 안 나서 안타까울 때가 많아요. 그동안 참 즐거웠던 일들이 많았는데, 그 순간들을 기억할 수 없다는 게 너무 아쉬워요. 앞으로 제가 결혼해서 아기를 낳으면 매일매일 비디오카메라에 담아주고 싶어요. 그 아이가 자신의 과거 모습을 잊지 않도록 말예요!"

"아이에게 정말 좋은 선물이 되겠구나. 너의 말처럼 우리가 정말 기억하고 싶은 과거는 기억이 잘 안 나기도 해. 오히려 우리가 기억하고 싶지 않은 것들이 기억 속에 남아 있는 경우도 많고. 어쨌든 기억 속의 우리 모습은 어젯밤에 꾼 꿈과도 같아. 왜 가끔 TV 드라마 같은 걸 보면 한참 시청자의 관심을 끌면서 이야기가 전개되다가 마지막에 주인공이 '아, 꿈이었구나' 하면서 깨어나는 바람에 시청자들의 원망을 사는 경우가 있잖아."

"아, 그거 정말 짜증나요. 주인공이 정말 잘 되기를 바라는 심정으로 보고 있는데, 한낱 꿈이라니. 작가가 너무 무책임한 거 아니에요? 시청자들의 진심을 무시하는 거 같아서 화가 날 때도 있어요."

유진은 진짜로 원망스런 표정을 지어보였다.

"그렇긴 해. 나도 사실 그런 식의 전개는 좋아하지 않아. 그런데 내가 하고 싶은 말은 우리의 인생이 정말로 그렇게 한낱 꿈에 불과하다는 거야. 어차피 시간이 지나면."

"무슨 말이에요?"

유진은 J의 의외의 말에 고개를 갸우뚱했다.

"예를 들어서 내가 드라마 주인공처럼 사랑을 하고 결국 해피엔딩이 되었다고 해보자. 그 다음 나는 그 사람과 가정을 꾸리고 아기도 낳고 가족으로서의 생활을 영위하게 된다고 해보자구."

"그러면 정말 행복한 거 아닌가요?"

"물론 그렇지. 잘 된 일이지. 그런데 말이야, 굳이 그렇게 드라마틱한 연애가 아니라도 그 두 사람이 그냥 평범하게 만나서 연애하고 결혼하고 아이를 낳고 산다면, 뭐가 다를까?"

"글쎄, 그건 비교가 안 되지 않나요? 아닌가?"

"중요한 건 바로 지금이란다. 그렇게 아름다운 연애, 사랑 모두 다 추억이라는 이름으로 기억 속에서 잊혀져가고 지금 내 앞에 있는 것은 또 다른 현실이지. 그다지 축복받지 못하는 결혼을 했다고 하더라도 지금 행복할 수만 있다면, 이제부터의 인생은 남들이 부러워하는 결혼을 해서 힘겹게 사는 사람들보다 행복할 수 있다는 거야. 왜냐하면 우리에게 인생이란 앞으로 남은 삶이 훨씬 더 중요하기 때문이지.

　'과거의 달콤한 아이스크림은 더 이상 찾지 말자. 이미 우리 기억 속에서 녹아버렸으니까.' 달리의 그림에 빗대어서 내가 항상 하는 말이야. 과거는 바로 '한낱 꿈'이라는 거지."

　유진은 주위 친구들의 현재 모습을 떠올려봤다.

　"아, 그렇게도 생각할 수 있겠네요. 과거의 기억들은 이미 녹아버린 아이스크림! 그런데 아름다운 사랑의 추억도 중요한 거 아닌가…… 하기야 제 주변에 결혼 잘했다는 친구들 중에 이미 이혼한 친구들도 있긴 해요. 그리고 중매로 연애 한번 안 해보고 결혼했는데 알콩달콩 잘사는 친구들도 있구요. 솔로로 사는 한 친구는 패션 디자이너인데, 엄청 잘 나가서 다른 친구들이 꽤나 부러워하기도 하구요."

　"너는 어때? 만약 신이 과거의 화려한 경험과 현재의 행복한 생활 중 선택하라고 한다면 어느 쪽을 선택하겠니?"

　"그야 당연히 행복한 현재죠. 아무리 과거가 화려한들 뭐하겠어요. 어차피 추억일 뿐인데."

　"바로 그거야! 누구나 그렇게 선택을 한다구. 그러면서 왜 현실에서는 그걸 인지하지 못하는 걸까? 결국 아까 내가 예로 들었던 드라마틱한 결혼이냐 아니냐와 같은 질문인 거지."

"선배 말을 듣고 보니 이해가 되네요. 사실 저도 예전 나의 모습에 대해서 생각도 많이 하고 후회도 많이 하는 편이거든요. 지금 와 생각해보니 그 시간에 현재와 미래에 더 행복해지는 방법에 대해 고민하는 편이 나았겠어요."

"그래, 이제 좀 알겠니? 달리의 이 그림을 잘 기억해. 이 늘어진 시간들은 너의 화려한 과거 모습일 수도 있고, 너의 아픈 기억 속의 모습일 수도 있어. 어쨌거나 이미 기억 어딘가에서 녹아버리고 있는 것뿐이라고."

"사실 한국에 다시 돌아온 후 어떤 면에서 사람들을 좀 피했던 것 같기도 해요. 제대로 발 디딜 틈도 없는 좁은 원룸에서, 그것도 늘 월세 걱정을 하며 짐이랑 뒤범벅이 되어서 살다보면 종종 결혼해서 화려하게 사는 친구들의 모습이 부럽기도 했어요. 다들 나보다 잘 된 것처럼 보였거든요. 과거와 달리 초라하게 변한 나의 모습을 보면 친구들이 불쌍하게 여길까봐 한국에 돌아온 사실도 알리지 않았어요. 그런데 선배 말을 듣고 나니 제 자신을 과거의 틀에 가두면서 오히려 현재의 행복까지도 함께 묻어버렸다는 생각이 들어요."

"사람들은 대부분 자신들의 생활만으로도 벅차하지. 그 건 자신에게 주어진 시간을 잘 활용하지 못해서 그런 거라고 할 수 있어. 많은 사람들이 시간의 마법에 갇혀 있어서 사실 남에게 신경 쓸 여유가 없어. 학창 시절에 그렇게 참견 많던 친구들도 지금 다시 만나보면 아마 자기 생활에 갇혀서 허덕 이는 경우가 많을 거야."

"하기야 우연히 몇몇 친구들의 소식을 듣긴 했는데, 선 배 말대로 바쁜 일상을 보내고 있긴 하더군요. 왜 그 친구들 이 나를 불쌍히 여기고 무시할 거라고 생각했을까요? 그동 안 너무 숨어 지낸 것 같아 안타까워요. 다가올 인생에 대해 고민하며 친구들과 지인들의 도움을 받아도 부족했을 텐데 말이죠. 결국 제 스스로 과거의 틀에 저를 가둠으로써 모든 걸 혼미하게 만들었어요. 그게 바로 과거의 기억들을 아이스 크림으로 만들어버리는 시간의 마법에 빠져 헤매게 된 결정 적인 이유였네요."

유진은 몹시 안타까워했다. 사실 호주에서 돌아온 이후 친구들을 멀리했던 탓에 원래 전공인 패션이나 의류 분야의

일을 하기가 어려웠던 게 사실이다. 그래서 전공과는 상관없는 방송 쪽의 일을 하느라, 또 새로운 인맥을 만드느라 어려운 시기를 보냈었다. 유진은 오늘 있었던 연수 프로그램에 대해서 다시 한 번 생각했다.

"그러고 보니 오늘 연수의 주제도 결국은 '과거의 틀에서 벗어나라'였군요. 우리가 자각하지 못하는 사이 과거의 틀에 얽매여서 우리의 사고도 제한되어 있었던 거구요. 이것도 어떻게 보면 과거의 마법에 빠져 있는 셈이네요."

"맞아. 좋은 지적이야. 과거의 기억은 참으로 신기해. 잘 기억나지 않는 것 같으면서도 경험의 축을 좌지우지하면서 우리의 앞으로의 사고와 행동에 많은 제약을 주기도 하거든. 과거의 경험이란 이처럼 본능적으로 우리의 행동과 사고의 범위를 결정하게 되지. 그래서 비록 다 기억할 수 없더라도 많은 경험이 필요한 것도 다 그런 이유가 아닐까? 정리하자면 나는 과거의 마법이 끼치는 나쁜 영향들에 대해 이렇게 말하고 싶어.

'과거의 화려하고 젊었던 모습이 현재를 체념하게 만들고, 과거의 경험들이 내 사고를 제한하고 판단을 흐리게 한다.' 그러니까 아까 이야기한대로 너무 과거 자신의 모습에 얽매이지 말고, 또 과거와 달리 변해버린 자신의 모습을 너무 의식하지도 말아야 해. 과거의 실수는 빨리 잊는 게 좋아.

'나에게 있어 내일은 미래지만, 하룻밤 자고 나면 현재는 과거가 되고 내일이라는 미래는 현재가 된다.' 언제나 제일 중요한 건 지금 이 순간이야. 어서 빨리 과거의 마법에서 빠져나오는 게 중요해. 그리고 그게 모든 것을 순식간에 과거로 만들어버리는 시간의 마법을 극복하고 이용하는 데 아주 중요한 첫걸음이 되는 거지."

"아, 정말 좋은 이야기에요. 너무 감사해요. 사실 오늘 강의 시간에 제대로 발표하지 못하는 실수를 했거든요. 그런데다 그 실수를 되새기느라 뒤이은 단체 활동도 제대로 해내지 못했어요. 아무래도 제 성향 자체가 지나치게 남을 의식하고 과거의 잘못에 마음을 두는 게 아닌가 싶어요. 그래서 과거 속에 빠져 있는 것 같기도 하구요. 어쨌든 선배의 말을 듣고 나니 어떻게 하면 과거의 마법에서 깨어날 수 있을지 조금은 알 것 같아요."

"좋아하던 친구를 10년 만에 다시 만난다면 어떤 기분일지 한번 생각해 봐."

"어제의 저라면 너무나도 변해버린 내 모습을 보이고 싶지 않아 두려웠을 것 같아요."

"그럴 수 있지. 얼마 전에 오랜만에 연락이 된 한 선배가 내게 그런 이야기를 하더구나. 변해버린 모습에 실망할까봐 만나지는 않겠다고. 너의 반응과 비슷한 거야."

"하지만 지금은 달라졌어요. 만나보고 싶어요. 내가 변했듯이 그 친구도 변했을 거잖아요. 왜 내 자신에게 생긴 변화를 드러내는 걸 그토록 두려워했는지 모르겠어요. 이젠 앞으로 변해가는 내 모습을 당당하게 보여주고 싶어요."

"그래, 그래! 바로 그런 마음가짐이 필요해. 예를 들어 10년 만에 친구를 만나기로 했는데 늙어버린 내 모습을 보여주기 싫어서 피했다고 해보자. 그러다 또 10년이 지나서 그 친구를 만나게 되었어. 아마도 그땐 10년 전보다 훨씬 더 늙어 있겠지. 그런 자신의 모습에 치를 떨면서 오히려 그 친구를 10년 전에 만났더라면 하고 후회하지 않겠니? 바로 그게 오늘이라는 거지.

'지금은 10년 전의 나의 모습에 비해 많이 늙었지만, 앞으로 10년 후의 나의 모습에 비하면 많이 젊은 것이다. 과거의 내가 그립다면 미래에 그리워할 현재의 나에 주목하라.' 이 말을 기억해 두렴."

유진은 J의 한마디 한마디를 빠른 속도로 노트에 옮겨 적었다.

"방금 그 말, 정말 인상적이에요. 아무튼 오늘 과거에 빠져 허우적거리는 제 나쁜 습관들에 대해 많은 걸 깨달았어요. '과거의 마법'에 대한 이야기들과 마음가짐들…… 정말 좋은 이야기에요."

"네가 이렇게 나의 이야기에 귀 기울이고 진심으로 받아들이며 공감해주니까 오히려 내가 더 고맙게 느껴진다!"

"오늘 해주신 말씀들은 정말로 과거의 아이스크림으로 만들고 싶지 않아요. 꼭 명심하고 간직할게요. 예전에도 좋은 이야기 많이 해주셨었는데, 죄송하게도 하나도 기억나지 않아요. 마치 선배의 말처럼 다 녹아버려서 흔적도 안 남은 느낌이랄까요."

"그게 바로 시간의 마법 속에 살고 있는 우리의 모습이야. '현재의 기억 또한 뒤돌아서서 걸어가는 순간, 시간의 강에 빠져버리게 된다.' 방금 들은 이야기도 기억하지 못하고, 바로 추억 속에 던져버려서 녹아버리게 하는 그런 게 바로 우리의 모습이지."

"참 신기해요. 들을 때는 정말 고개를 끄덕이면서 듣는데도 돌아서면 어떻게 그렇게 기억이 안 나는지. 오늘 강의만 해도 그래요. 두 시간 동안 나름 열심히 들었는데 끝나고 나니 머릿속이 백지처럼 하얀 거예요. 정말 소름 끼쳐요. 오늘 선배가 보여준 달리의 그림이 자꾸 머릿속에 맴돌아요."

유진이 자신의 머리를 손가락으로 톡톡 두드렸다. 유진의 행동에 J는 껄껄 웃으며 대답했다.

"안타깝지만 나도 마찬가지야. 심지어 나는 방금 내가 한 이야기도 기억이 안 날 때가 있는데, 뭐. 분명히 내 생각 속에서 지나갔는데 말이지. 많은 작가들이 '의식의 흐름 Stream of Consciousness'이라는 심리학적인 방법으로 글을 썼지. 나도 처음엔 그게 무슨 말인가 했는데, 어느 순간에 보니 내가 가장 편안하고 자유로울 때 머릿속에 떠오르는 다양한 생각들이 의식되는 거야. 이를테면 생각의 흐름이라고 이야기할 수 있는데, 그 생각의 흐름에 의해 만들어진 이야기들은 그 당시는 참 기발하고 훌륭해.

보통 그런 생각이 막 떠오르는 편안한 순간에는 내 주변에 기록할 수 있는 물건이 없을 때가 많아. 화장실에서 명상에 잠겨 있는 시간이라든지, 아침에 잠에서 깨어나 막 정신이 드는 순간들이 그렇다고 할 수 있지. 그런데 아! 정말 좋은 생각이야 하면서 침대에서 일어나 메모장을 찾는 순간,

이미 늦었어. 상당 부분 기억이 사라져버리고 말거든. 이미 시간의 강물로 모두 흘러들어서 희미해져버리고 없더라구.

즉, 생각의 흐름을 통해 나오는 많은 아이디어 역시 시간 속 망각의 강으로 흘러들어 가고 말아. 그래서 그것들을 즉시 메모장 같은 양동이로 옮겨두지 않으면 내가 생각해낸 그 멋진 아이디어들은 모두 시간 속으로 흘러들어 녹아버리게 되지. 그래서 나는 언제부터인가 항상 메모장을 지니고 다니는 습관이 생겼어. 화장실에 갈 때도, 운전을 할 때도, 잠을 잘 때도 항상 메모장을 곁에 두는데, 마치 집착과도 같아. 처음 너를 만났을 때도 메모에 대한 집착을 이야기했을 거야. 오죽하면 아내가 결혼 기념으로 휴대하기 좋은 작은 몽블랑 펜과 수첩을 선물하기도 했다니까.

나한테 메모는 무엇과도 비교할 수 없을 만큼 중요해. 그래서인지 이렇게 열심히 메모하고 기록하는 네 모습을 보니까 무척 흐뭇하다. 생각하면 너는 예전에도 내가 하는 이야기들을 참 잘 들어주었던 같아. 남의 말을 그렇게 잘 들어주는 것도 참 좋은 대화 자세라고 할 수 있지. 나는 내 이야기를 잘 들어주는 사람들이 무척 고마워. 왜냐하면 시간의 강물 속으로 빠져 들어가는 나의 기억들이 누군가에게 말함으로써 다시 밖으로 나오게 되고, 그러면서 내 머릿속에 좀 더 각인되는 기회를 만들기 때문이지. 또 너처럼 내 이야기를 열심히 메모하는 사람들은 아까 말한 것처럼 메모지라는 양동이에 나의 기억과 경험의 산물들을 나 대신 차곡차곡 담아주는 셈이라서, 내 시간의 기록들이 선명하게 남을 뿐더러 오래오래 간직할 수 있도록 해주기도 하거든."

유진은 메모하던 손을 멈추며 미소를 지어보였다.

"아, 그렇군요. 이제부터는 더 열심히 메모를 해야겠어요. 과거의 마법에 정면으로 도전하려면요. 당장 선배처럼 항상 지닐 수 있는 조그만 메모장 하나 사야겠네요."

"하하! 훌륭한 생각이야. 정신없이 이야기를 나누다보니 그새 시간이 30분이나 지나버렸네. 첫날이니까 오늘은 이 정도로 하자. 오늘은 과거의 마법을 이겨내는 법에 대해 이야기했으니까, 내일부터는 본격적으로 우리의 현재와 미래에 영향을 주는 시간의 마법에 대해 이야기해보도록 하는 게 어떨까?"

"네! 아, 그런데 선배. 사실 오늘 연수 중에 마지막 날에 볼 최종 시험 문제 하나를 미리 알려주셨어요."

"문제라고? 어떤 건데?"

"S상사의 최고의 가치가 무엇인지 설명하래요. 혹시 선배는 알고 계신가요?"

"글쎄, 내가 신이라면 모를까……."

"맞다. 선배는 모든 걸 다 아는 신이 아니죠. 어쨌든 마지막 날까지 고민해보래요. 아직까지는 전혀 감이 안 잡혀요."

"그래. 나도 한번 생각해볼게. 아직 시간이 많으니까. 내가 연수팀 담당자라면 강의를 열심히 듣다보면 저절로 깨달을 수 있도록 하지 않았을까 싶긴 하다. 회사의 운영 철학 같은 거니까 그런 걸 잘 파악하는 신입사원을 뽑고자 하지 않을까? 어쨌든 오늘은 첫날이니까 푹 쉬고 내일 또 즐거운 마음으로 보자!"

"네, 선배도 편안한 밤 보내세요!"

J에게서 과거의 마법에 대해 다양한 이야기를 듣게 되자 유진은 많은 것을 깨달은 것 같았다. 그동안 자신을 힘들게 했던 많은 순간들이 결국은 과거의 틀에 얽매였던 자신의 모습 때문이었다는 사실을.

'그래, 내일부터는 정말 달라질 수 있을 것 같아. 더 이상 과거의 아이스크림은 찾지 않을 거야. 이미 녹아 사라져버린 그것들을.'

연수원에서의 첫날이 그렇게 저물어가고 있었다.

유진의
메모

2. 과거의 마법

+ 과거가 만든 생각의 틀에서 벗어나기 위해 나의 생각을 좀더 유연하
  게 하고, 다른 사람의 생각으로부터 영감을 얻자.

+ 과거의 달콤한 아이스크림은 더 이상 찾지 말자. 이미 우리 기억 속
  에서 녹아 사라져버렸으니까.

+ 과거의 젊었던 모습이 현재를 체념하게 만들고, 과거의 경험들은 사
  고를 제한하고 판단을 흐리게 한다.

+ 나에게 있어서 내일은 미래지만, 하룻밤 자고 나면 현재는 과거가 되
  고 내일이라는 미래는 현재가 된다.

+ 지금은 10년 전의 나의 모습에 비해 많이 늙었지만, 앞으로 10년 후
  의 나의 모습에 비하면 많이 젊은 것이다.

+ 과거의 내가 그립다면 미래에 그리워할 현재의 나에 주목하라.

+ 현재의 기억 또한 우리가 뒤돌아서서 걸어가는 순간, 시간의 강에 빠
  져버리게 된다.

세 번째 이야기 10분의 마법

성공한 사람과 그렇지 않은 사람의 차이는
시간의 마법을 이용할 수 있는지 아닌지에 있다

둘째 날의 연수는 전날에 비해 조금 차분했다. 유진이 강
의실에 들어서자 이른 시간임에도 많은 연수생들이 이미 자
리에 앉아 있었다.

과거의 마법으로 인한 속박에서 벗어나겠다고 결심한 유
진. 어제의 창피함을 무릅쓰고 앉아 있는 사람들에게 활기차
게 인사를 하며 말을 건넸다. 우려와는 달리 모두가 반갑게
유진의 인사를 받아주었다. 처음 보는 사람들과도 눈인사를
나누며 서로에 대한 경계심을 늦추었다. 역시나 사람들은 실

수로 당황해 하던 어제의 유진에 대해서는 신경도 안 쓰는 것 같았다. 놀랍게도 강의실의 모든 사람이 갑자기 적군이었다가 친구가 된 느낌이었다.

'역시, 내 성격이 문제였어. 바보같이 다른 사람들은 전혀 나에 대해 신경도 안 쓰는데, 왜 나는 그렇게 타인의 시선을 의식했을까? 선배의 말처럼 이제 과거의 마법 따위에서 벗어나 현재의 나를 더 배려하고 사랑해야겠어.'

유진은 자신의 큰 문제점 하나가 해결된 것 같아 아주 기분이 좋아졌다.

성격 분석의 결과

오전 연수 프로그램은 자신의 성격에 대한 분석이었다. 내향적인지 외향적인지 그리고 판단은 감각적인지 직관형인지, 사고는 사실형인지 사람과의 감정을 중시하는 감정형인지, 계획적인지 융통형인지 등등의 성격을 테스트하는 것이었다. MBTIMyers-Briggs Type Indicator라고 불리는 이 테스트를 위해 각 연수생들은 수십여 개의 문항을 풀도록 요청되었다.

그리고 답안을 의식하지 말고 자연스럽게 답변하라는 당부도 있었다. 그럼에도 마치 시험을 보듯이 어떤 답을 써야 하나, 어떻게 보여야 하나 싶어 연수생들은 부담스러워 하는 눈치였다. 강사가 이번 테스트 결과는 평가에 반영되지 않는다는 이야기를 하자 그제야 연수생들은 편하게 문항을 풀어 나가기 시작했다.

모든 연수생들이 답안을 제출하자 곧 테스트 결과 분석이 시작되었다. 그러는 동안 이 테스트를 통해 제시되는 열여섯 개의 성격 유형에 대한 강사의 설명이 이어졌다. 강사의 말에 따르면 우리나라 사람들 중 다수가 내향적이며, 미래를 내다보는 직관형이 아닌 실제의 경험과 현재를 중시하는 감각형이라고 했다.

드디어 분석 결과가 나왔다. 결과를 받아든 연수생들은 자신의 예상과 사뭇 다른지 대부분 놀라는 눈치였다. 아마도 평소 본인이 생각하는 자신의 모습과는 다른 결과에 적잖이 놀란 모양이었다.

유진의 성격은 강사의 표현처럼 한국 여성의 대표적인 형태인 내향적 감각형으로 분석되었다. 이런 성격은 주어진 일에 대해서 노력하며 안정적이고 세부적인 일에 집중하지만, 나무만 보려하고 숲을 보지 않는 그리고 자신의 신념에 과도하게 집착하려는 특징이 있다는 분석 결과가 따랐다.

'음, 내 성격 자체가 현실안주형이라는 건가? 역시 이런 성격이기 때문에 시간의 마법 속에서 헤어나지 못한 거구나.'

유진은 강사가 나누어준 자료를 살펴보며 본인의 성격을 꼼꼼하게 분석했다. 그러자 현재의 생활이나 안정성을 추구해서 결국 현실에서 벗어나지 못한다는 내용으로 요약되었다.

'가만, 그러고 보니 첫날 선배가 이야기했던 영화 속 주인공과 같은 상황이잖아? 내가 결국 시간의 마법에 갇힌 사람이 될 수밖에 없었던 이유가 바로 여기 있었구나.'

유진은 본인의 성격 분석 결과를 통해 시간의 마법에 대한 실마리를 찾은 것 같았다.

'그래, 시간의 마법을 이겨내야 해. 지금 반복하고 있는 생활에서 벗어나지 못하는 건 안정이라는 울타리 안에 갇혀 저 너머에 있는 미래를 생각하지 못했기 때문이야.'

연수 시간 내내 유진의 머릿속은 어떻게 시간의 마법을

이겨내야 할지에 대한 생각들이 맴돌았다.

　이윽고 모든 일과를 마치고 숙소로 돌아온 유진은 어서 9시 10분이 되기만을 기다렸다. 숙소에서 카페까지 거리는 100여 미터 남짓. 시간이 아직 20여 분 남았지만 급한 마음에 유진은 먼저 카페로 향했다. 문득 고개를 들어 바라본 하늘에는 달빛이 유유히 흐르고 있었다.

　J는 9시가 조금 넘어서 카페에 도착했다.

　"일찍 왔네? 내가 늦은 건 아니지?"

　"네. 너무 궁금해서 견딜 수가 있어야죠. 제가 왜 시간의 마법에서 헤어나지 못하는지 알아낸 거 같아요."

　"그래? 어떻게 알아냈지?"

　"오늘 직무 성향에 대한 심리 분석을 했는데요, 제가 내향적이고 현실적이고 그리고 감각적이라는 결과가 나온 거예요. 풀이하자면 세부적인 일에 집중하지만 나무만 보려할 뿐 숲을 보려하지 않고 또 고집이 있대요. 생각해보니 그런 것 같기도 해요."

　"내가 유학 시절에 연구하던 거구나. 유진도 ISTJ형이라는 거지? 내향Introversion, 감각Sensing, 사고Thinking 그리고 판단Judging이라고 하지. 우리나라 사람들 중 25퍼센트가 넘는 사람들이 여기에 속해. 그리고 여성은 그 비율이 더 높고.”

“그래서 그런지 오늘 테스트 결과 저와 비슷한 유형의 사람들이 많았어요. 그래서 다들 시간의 마법에서 저처럼 방황하고 있는 거겠죠. 그러니까 선배! 빨리 마법을 푸는 법을 알려주세요!'

“너무 조급해할 필요 없어. 바로 그런 조급함이 시간의 마법에서 헤어나지 못하는 주된 이유야. 좀더 정확하게 말하자면 매일매일 반복되는 시간의 덫에 빠지는 이유라고 할 수 있지”

“시간의 덫이라고 하니까 더 느낌이 오네요.”

“시간의 덫은 정말 빠져나오기가 힘들어. 하지만 그것을 덫으로 생각하지 말고 시간의 마법이라고 생각해야 해. 마법이라는 말은 나쁘게도 쓰일 수 있지만 해리포터에서처럼 좋은 마법도 있거든. 영화 속 주인공인 필의 경우는 시간의 덫이 본인의 노력으로 좋은 의미의 마법이 되어버린 케이스지. 왜냐하면 필을 좀더 인간적으로 만들어주었고, 자신에 대한 사랑과 노력의 가치, 무엇보다도 진실한 사랑의 소중함을 깨닫게 해주었으니까."

"그렇군요. 결국 신이 주신 좋은 마법인 셈이군요."

유진은 고개를 끄덕였다.

"맞아. 시간의 마법은 우리에게 덫 같지만 우리가 시간의 마법에 대해 깨닫고 그걸 이용하려 노력하는 순간 우리를 바꿔줄 중요한 마법이 시작되지. 보이지 않는 시간의 힘이라고나 할까?"

"그럴 것 같아요."

J는 미소를 지으며 화제를 돌렸다.

"그럼 이제 시간의 마법을 이용하는 법에 대해 이야기해 볼까?"

"네, 잠깐만요."

유진은 노트를 펼치고 펜을 바투 잡았다.

매 일 자 신 과 의 약 속 - 10 분

"지난번에 영화에서 시간의 마법을 깨달은 뒤 내 생활 역시 시간의 마법 속에 갇혀 있다는 걸 알았다고 말했었지?"

유진이 고개를 끄덕였다.

"그래서 필처럼 시간의 마법에 걸려 매일매일 반복되는 하루 사이에 나를 위한 의미 있는 일을 한 가지씩 얹어보자고 생각했어."

"한 가지씩 얹는다는 것은 어떤 의미죠?"

"매일 학교 일에, 회사 일에 치여 살고 있지만, 내가 미래에 하고 싶은 것을 하나 그린 다음 그것을 이루기 위해 할 수 있는 것을 찾아보는 거야. 그리고는 오늘 하루 중에 적어도 10분간은 그것들을 실행에 옮기는 거지. 어차피 오늘 같은 내일이 또 올 거잖아. 시간의 마법에 걸려 있으니까. 그럼 내일 또 그렇게 10분을 하는 거지. 사실 하루 10분 정도의 노력이 당장 큰 결과를 만들지는 못하지. 나 역시 특별히 뭔가 달라질 거라고 기대하진 않아. 단지 무료한 매일의 반복 속에 시간의 마법을 이용하는 방법으로 이 10분의 노력을 하는 것뿐이지."

"10분이요? 그걸로 효과가 있을까요?"

"그럼. 10분인 이유는 그 정도 최소한의 노력이라도 쌓이고 쌓이면 어느 정도 성과가 있기 때문이야. 물론 시간 여유가 있거나 뭔가 느낌이 오면 20분이고 한 시간이고 계속하기도 했지만. 중요한 건 매일 최소한 10분이라도 실행할 수 있어야 한다는 거야."

"아직 감이 잘 안 와요. 예를 들면 그동안 어떤 것들을 하신 거죠?"

"일단 회사에서 승진을 하려면 영어 점수가 중요했기 때문에 하루에 꼭 10분은 영어 공부를 했지. 그런데 교재를 가지고 하면 들고 다니기도 어렵고, 또 책을 펴는 것도 부담스러워서 출퇴근하는 시간 동안 무가지 신문에 있는 영어 학습 코너를 두 개씩 읽곤 했지. 그리고 회사에 와서는 오자마자 그날 본 것 중 기억할 만한 내용이 있으면 노트에 옮겨 적고 신문은 버렸어. 잠깐 커피를 마시는 시간 정도랄까?"

"그 정도로도 도움이 되나요?"

"그게 바로 마법의 10분이야. 난 그저 아무 생각 없이 그렇게 매일 하고 있었는데, 어느 날 정신을 차려보니 상당한 시간이 흘러 있더라고!"

"그렇게 말씀하시는 걸 보니 설마 몇 년 하신 건 아니죠?"

"맞아, 몇 년 동안 그런 생활을 반복했어. 어차피 시간의 마법 속에서 매일 같은 날이 반복되는 것 같고 별로 진전도 없는 것 같았으니까. 그렇게 매일 본 영어 문제가 결국 쌓이고 쌓여서 엄청나게 많아진 거지. 몇 년 후 나는 토익 시험에서 만점을 받았고, 그 점수는 회사에서도 조기 승진을 하는 결정적인 계기가 되었어. 물론 학교 다닐 때 나름대로 갖추어 놓은 영어 학습의 기초가 밑바탕이 되긴 했겠지만 말이야."

"우와, 대단하세요. 어떻게 매일 그렇게 하실 수가 있죠? 그것도 몇 년씩이나!"

"지금의 결과를 놓고 보니까 대단해 보이는 거지. 유진도 처음엔 그랬잖아, 그 정도로 도움이 되냐고. 하지만 하루 10분은 정말 큰 의미를 가지고 있어. 우리가 마법에 걸려 세월이 빠르게 흐르는 것을 눈치 채지 못하는 사이 10분의 노력은 엄청나게 큰 결과물로 쌓이거든. 그게 바로 시간의 마법이 갖는 힘이란다."

"선배의 이야기를 듣고 나니 갑자기 지금 제게 주어진 시간들이 더없이 소중하게 느껴지네요. 그리고 그동안 그냥 흘려보낸 시간들이 너무너무 아까워요. 10분의 노력으로 그 정도의 결과라면, 매일 한 시간씩 노력하면 그 결과는 정말 대단하겠어요!"

"시간의 마법은 정말 강력해서 그렇게 매일 의미 있는 일을 지속적으로 할 수만 있다면 언젠가 본인이 꿈꾸는 그런 모습에 훌쩍 다가가 있는 자신을 발견하게 될 거야. 그런데 대부분의 사람들은 시간의 마법을 이용하지 못하고 오히려 마법 속에서 허우적거리고 있으니 참 안타까운 일이지.

'시간의 마법의 무서운 점은, 매일 비슷한 날이 반복되는 동안 그 많은 시간을 낭비하고 있다는 걸 평소에 전혀 깨닫지 못하게 한다는 것이다. 그냥 매일 하루하루 무료한 시간이 지나갈 뿐. 뭔가 해보려고 하면 어차피 해봐야 성과도 없는데 왜 하느냐고 속삭인다. 그러다 어느 순간 정신을 차려보면 어느새 몇 달, 몇 년, 심지어는 몇십 년을 허망하게 날려버린 자신을 발견하게 될 것이다.'

유진이도 이 말을 꼭 기억하길 바란다. 일부 사람들은 나름의 노력을 하기도 해. 특히 연초에는 다부진 마음으로 몇 개의 계획을 실천하려 노력하지. 하지만 열성적이던 처음 모습과 달리 몇 주 만에 포기하는 게 대부분이지. 무엇이든 꾸준하게 하면 된다? 이처럼 무책임한 말이 없어. 시간의 마법이 얼마나 강력한데. 단순히 꾸준히 노력하는 마음가짐만으로는 아무것도 할 수 없는 경우가 많아. 유진의 말처럼 매일한 시간씩 노력할 수 있으면 얼마나 좋겠니. 하지만 시간은 우리의 하루하루를 단조롭게 만들고 그렇게 혼란스러워 하는 사이 결국 지쳐서 포기하게 만들거든. 이를 극복하기 위한 방법이 바로 지겹지 않을 정도인 10분의 노력이야. 시간도 우리의 노력을 무시할 수 있는 정도.

내가 제안하는 매일매일 10분의 노력이 그렇게 어렵지는 않을 거야. 물론 성과나 결과는 즉각적으로 나타나지 않지. 10분으로 뭐가 되겠어? 바로 이 부분이 중요한 거야. 시간의 마법을 믿는다면 그 성과에 연연하지 말고 아무 생각 없이 그냥 하는 거야. 이게 바로 핵심이지.

'조급해하지 말고 미래의 자기 모습을 꿈꾸며 오늘 자신과 약속한 10분의 노력을 하도록 하자. 시간의 마법을 이용할 때의 놀라운 점은 하루 10분이 하루, 이틀, 일주일 사이에 별 차이를 만들어내지는 못하지만 몇 달, 몇 년 후에 정신을 차려보면 어느새 자신의 꿈, 자신이 원하던 모습에 성큼 다가가 있는 자신을 발견하게 된다는 것이다.' 바로 이게 핵심이란다.

시간은 정말 공평해. 누구에게나 똑같이 주어지지. '성공한 사람과 그렇지 않은 사람의 차이는 결국 시간의 마법을 이용할 수 있는가 아닌가에 의해 결정된다.' 보통 성공한 사람들의 이야기를 들어보면, 자신의 꿈을 갖고 그 꿈을 이루기 위한 노력을 매일 조금씩 즐기면서 해나갔다고 말하지. 그들이야 말로 시간의 마법으로 꿈을 이룬 사람들이라고 할 수 있어."

J는 얼굴 가득 벅찬 미소를 지으며 계속해서 말을 이었다.

"어떤 아는 분이 레이저 칫솔을 개발해서 가져왔더라고. 나에게 의견을 달라는 거야. 칫솔에서 레이저가 나와서 하루에 수시로 3분씩 칫솔질을 하면서 비추어주면 되는 간편한 칫솔이라고 하더라고. 타이머도 있어서 정해진 시간이 되면 골고루 비추라고 알려주는 기능도 있었어. 그래서 가까운 치과의사에게 보여주었지. 그랬더니 그 의사가 뭐랬는지 아니?"

유진은 알 수 없다는 듯 어깨를 으쓱했다.

"레이저의 효과에 대해 말씀하시던가요?"

"아니. 대답은 의외였어. 어쨌든 도움이 되긴 되겠네요, 그러더라구. 그래서 레이저가 좋은 거냐고 물었더니, 레이저 자체의 효과를 떠나서 어느 칫솔이든 3분씩 수시로 칫솔질을 한다면 치아 청결이나 잇몸병 예방에 크게 도움이 된다고 말하더라구."

"하하, 재밌네요. 그러니까 3분씩 수시로 칫솔질을 할 수만 있으면 어떤 칫솔이든 효과는 있는 거네요."

"맞아. 그런데 사람들은 그 3분이라는 시간의 소중함을 간과하고 있다는 거야."

"정말 시간은 참 알다가도 모르겠어요. 어떻게 관리를 해야 할지."

"우리는 시간의 마법에 걸려 있으니까 그냥 지금 실행하면 돼. 더 잘하려고 노력할 필요도 없어. 그냥 오늘 해야 할 3분만 양치질에 투자하면 이대로 마법이 진행되어서 너도 모르는 사이에 너의 치아는 튼튼해지는 거지. 이렇게 그냥 시간의 마법만 믿고 지금 딱 몇 분만 투자하면 되는 거야."

"아, 정말 좋은 방법이에요. 사실 전에 헬스클럽에 등록

한 적이 있었어요. 처음 며칠간은 하루 두 시간씩 열심히 했죠. 그런데 매일 두 시간씩 힘들게 운동을 해야 한다고 생각하니 갑자기 피곤하게 느껴져서 한두 번 빠졌어요. 그랬더니한 달 동안 운동을 하러 간 날보다 안 간 날이 더 많더라구요. 결국 시간의 마법을 이용하지도 못했고 또 내 건강을 지키겠다는 목표도 이루지 못한 셈이죠. 그때는 바빠서 어쩔 수 없다는 핑계를 댔지만 지금 가슴에 손을 얹고 생각하면 10분도시간을 낼 수 없었다는 건 거짓말이에요. 시간의 마법에 대해 좀더 빨리 알았다면 지금 이런 후회는 안 했겠죠."

"10분이란 시간이 별거 아닌 거 같아도 매일매일 모여 1년이 되면 무려 3650분이라는 시간이 된단다. 유진이는 평소에책을 얼마나 읽니?"

"아, 네. 저…… 읽으려고 노력 중이에요. 시간이 없어서두세 달에 한 권 정도?"

"10분 시간의 마법을 실행했다면, 두 시간 정도에 책 한권의 주요 내용을 읽을 수 있다고 가정했을 때 1년 동안 무려30권이 넘는 책을 읽게 돼지. 별거 아닌 것 같은 10분이 결국우리에게 엄청난 변화를 가져다주는 셈이지."

유진은 머리가 멍해졌다. 10분이란 시간. 정말 하루 24시간 중에서 커피 한 잔 마시는 정도의 시간인데, 그 시간을 활용해서 그렇게 큰 성과를 얻을 수 있을 거라고는 생각조차 못했다.

"그렇군요. 오늘도 정말 감사합니다. 10분이라는 시간의 마법. 제 노트에는 10분의 마법이라고 적었어요. 지금 이 시간부터는 10분의 마법을 정말 잘 활용해봐야겠어요."

유진의 대답에 J가 적극 부추겼다.

"그렇다면 내일 아침부터 한번 해볼까?

"당장 내일요? 어떤 걸 해보죠?"

"아침에 일어나서 이 리조트 한 바퀴 산책하는 거 어때? 내가 해보니까 한 10여 분 걸리던데."

유진은 흔쾌히 고개를 끄덕였다.

"네! 꼭 하겠습니다! 그리고 결과 보고할게요. 기분이 어땠는지!"

"기대하마. 오늘도 편히 쉬고, 기분 좋은 일기 쓰기 바란다. 부디 오늘 느낀 이 감정을 시간의 흐름 속에 흘려버리지 않도록!"

유진은 그날 장문의 일기를 썼다. J가 해주었던 이야기 그리고 10분의 마법을 미리 알았더라면 하는 아쉬움을 가져 다준 그 숱한 순간들의 기억을 떠올리며.

유진의
메모

3. 10분의 마법

+ 매일 반복되는 시간의 마법에서 매일 10분 자신과의 약속 지키기.

  즉, 자신의 꿈을 위한 10분의 노력하기.

+ 매일 10분은 1년이면 3650분이 된다. 10분 영어, 10분 독서, 10분

  산책, 10분 운동 등을 하자.

+ 성공한 사람과 그렇지 않은 사람은 시간의 마법을 이용할 수 있는가

  아닌가에 따라 결정된다.

네 번째 이야기 10년의 마법

인생이 즐겁지 않고 우울한 날이 많다면
뭔가를 하고자하는 의욕이 없는 것이며, 바로 꿈이 없는 것이다

연수의 세 번째 날이 밝았다. 마법에 걸린 영화 속 주인공처럼 핸드폰의 알람 소리에 잠에서 깬 유진. 언제나처럼 침대에서 내려오기 싫은 마음에 베개를 안고 뒤척였다.

'가만, 내가 여전히 마법에 걸려 있잖아. 시간의 마법!'

유진은 문득 어제 저녁 J가 들려주었던 10분의 마법을 떠올렸다.

'아, 맞다! 10분 약속! 선배하고 한 약속 지켜야 하는데.'

하지만 역시 시간의 마법을 활용하기란 쉽지 않았다.

잠, 나른함, 포근함 등이 발목을 붙잡았다. 유진은 자신을 놓아주지 않는 베개와 뒤척뒤척 씨름을 하다 가까스로 일어났다. 그제야 겨우 약속한 첫 번째 10분의 마법 대상인 '10분 동안의 산책'을 할 수 있게 된 것이다.

서둘러 준비를 하고 리조트 정문으로 나섰다. 교외의 시원한 아침 공기가 살랑살랑 콧속으로 스며들었다. 따사로운 햇살이 반짝이는 나뭇잎 위로 비스듬하게 부서지고 있었다.

'아, 이런 멋진 풍경을 놓치고 있었네. 이렇게 상쾌한 느낌이라니!'

어디선가 산새 소리가 들려왔다. 마치 유진과 함께 산책을 하는 것만 같았다. 머리도 점점 맑아지고 뭔가 새로운 아이디어들이 머릿속 뉴런Neuron을 자극하는 것만 같았다.

유진은 이렇게 매일 10분씩 시간을 낼 수 있다면 육체적으로나 정신적으로 무척 건강해질 것 같다고 생각했다. 정말로 그렇게 될 거라는 믿음이 생겼다. 다만 어떻게 하면 아침 잠자리의 그 포근한 유혹에서 벗어날 수 있을까 하는 게 관건이었다.

유진은 나태해지고자 하는 자신을 이겨내고 10분의 마

법을 거는 특별한 요령이 필요하다고 생각하고는, 이 상쾌한 기분을 잘 기억해두고자 했다.

짧은 산책을 마치고 돌아온 유진은 그동안 자기가 느끼던 아침과는 상당히 다른 분위기의 아침을 맞이했다. 뭐랄까, 정말 하루가 길어지고 새롭게 태어난 것 같은 느낌이랄까?

'10분의 힘이 이렇게 크단 말이야? 어떻게 지금까지 살면서 이 소중한 걸 몰랐지?'

유진은 처음으로 10분의 약속을 지켜낸 것에 대해 무척이나 뿌듯했다.

미래를 통찰한다는 것

이날 오전 연수 프로그램에서는 '미래 사회의 도전'이라는 주제의 강의가 있었다. 강의 내내 강사의 목소리에서는 카리스마가 넘쳤다. 사실 미래에 어떤 일이 있어날지를 어떻게 예측할 수 있단 말인가? 그럼에도 강의 내용에는 많은 지식과 경험 그리고 상식을 바탕으로 한 미래에 대한 통찰이 담겨 있었다.

'아, 앞으로 이런 세상이 펼쳐지는구나. 정말 새로운걸. 역시 나는 그동안 우물 안 개구리일 뿐이었어!'

유진은 자신이 미처 알지 못했던 사실들과 또 그런 일들이 기반이 되어 미래에 일어날 일들에 대해 무지했다는 사실이 부끄럽기만 했다.

'세상일은 정말 다양해. 내가 모르는 세상에 대해 좀 더 배우고 또 경험해야 할 것 같아!'

강연이 끝나고 유진은 강사를 찾아가 인사를 했다. 참으로 인상 깊은 강의였다고, 나중에 또 연락드리고 싶다고. 강사는 웃으면서 가방에서 본인의 저서를 꺼내 사인을 하고는 명함과 함께 유진에게 건네주었다.

"오늘 강의 정말 열심히 들으시더군요. 많은 분들 중에 유독 눈에 띄었어요. 제가 감사하는 의미로 드리는 겁니다. 반드시 좋은 성과 있으시기를 바랍니다."

생각지도 않은 호의에 유진은 놀랍기도 하고 또 그런 강사가 꽤나 멋지게 느껴지기도 했다.

기분 좋게 시작한 오전과는 달리 오후 일정에는 생각지도 않은 복병이 숨어 있었다. 오후 연수 프로그램은 '비즈니스 영어 커뮤니케이션'이라는 영어를 주제로 한 다양한 그룹 활동이 이어졌다.

'아, 영어라니!'

유진은 호주에서의 아픈 기억을 떠올렸다. 현지인들과 의사소통이 안 되어서 겪어야만 했던 민망한 사건들. 사실 유진이 영어를 잘했다면 지금 이곳에서 이러고 있을 이유도 없었다. 영어에 대해 자신이 없는 유진은 영어에 능통한 J가 몹시도 부러웠다.

'나도 10분의 마법을 일찍 알았다면 J선배처럼 토익 만점을 받을 수 있었을까?'

그러나 유진의 현실은 토익 점수 550점이었다. 결국 유진은 오후 활동 내내 소극적으로 임하며 활발하게 의사를 표현하는 동료들을 지켜볼 수밖에 없었다.

아니나 다를까, 하루 일정을 마치고 확인한 중간 성적은 최하위로 떨어지고 말았다. 유진은 충격을 받았다. 이대로 가다가는 탈락할 게 뻔했다. 이제 선두와의 점수는 무려 60여 점이나 벌어져 있었다.

우울한 기분으로 먹은 저녁식사가 얹히기라도 한 것처

럼 가슴이 답답했다. 이제 기대할 거라고는 마지막 시험뿐이
었다. 유진은 이날 배운 것들을 정리했다. 어느새 J와의 약속
시간이 다 되어가고 있었다.

'정말 시간이란. 너무 빨리 가잖아. 벌써 9시라니.'

유진은 시간의 힘을 새삼 절감했다. 선배와 헤어진 게
얼마 전인 것 같은데, 벌써 하루가 지나 또다시 만날 시간이
돌아온 것이다. 시간은 내가 아쉬울 때일수록 야속하게도 더
더욱 빨리 지나가버리는 것만 같았다.

무거운 발걸음을 옮겨 카페에 도착한 유진. 아직 J가 도
착하지 않은 걸 확인한 유진은 먼저 자리를 잡고 앉아 오전
에 미래학 강사에게서 받은 책을 펼쳐 읽었다. 그러나 이리
저리 궁리해보아도 책의 내용이 쉽게 이해되지 않았다.

10년의 꿈, 10년의 목표

"미래학에 대한 책이구나?"

J가 밝은 얼굴로 다가와 유진 앞에 자리를 잡았다.

"아, 선배! 오늘 하루 잘 지내셨어요? 오늘 강의한 강사

에게서 선물로 받았어요."

"오늘은 연수를 제법 잘해낸 모양이네. 선물도 받고."

유진은 고개를 절레절레 흔들었다.

"오전까지는 괜찮았는데요, 문제는 오후에 있었던 영어 커뮤니케이션 과정이에요. 완전 헤매다가 결국 성적이 꼴찌로 떨어지고 말았죠. 설마 했는데, 너무 창피해요."

J는 유진의 평가 결과에 몹시 안타까워했다.

"요즘 기업들은 세계화에 신경을 많이 쓰고 있지. S상사야 글로벌 기업이니까 두말할 것도 없고. 그렇기 때문에 영어에 대한 평가가 중요할 수밖에 없어. 유진이는 이번 연수를 통해서 우리 기업들이 어떤 인재를 바라고 있는지 잘 배우고 있는 것 같다. 단순히 현재에 연연할 필요는 없어. 필요성을 깨달을 수 있었다면 그것만으로도 큰 성과니까. 우리에겐 시간의 마법이 있으니까 뭔가 필요한 게 있다면, 또 그걸 알고 있다면 이제부터 이루어나가는 일은 어렵지 않아."

"그렇게 말해주시니 고마워요. 좀 전까지만 해도 정말 우울했거든요. 선배의 말을 들으니 내가 무엇을 해야 하는지 아는 게 더 중요하다는 생각이 들어요. 그동안 너무 안일하게 살아온 것 같기도 하구요. 내 스스로 원하는 사람이 되려면 어떤 능력이 있어야 하는지도 조금은 알 수 있을 것 같구요. 그리고 정말 중요한 것! 무엇이든 원하는 것, 하고 싶은 것, 되고 싶은 것이 있다면 시간의 마법이 도와줄 거라는 믿음! 아마도 이번 연수에서 제일 큰 수확은 바로 선배를 만난 일인 것 같아요. 이것도 신이 주신 기회겠죠?"

J는 유진의 표정이 밝아지자 안심하는 눈치였다.

"그럴지도 모르지. 나에게도 이렇게 너와 나누는 대화가 하나의 기회일 수도 있고. 자, 그럼 우리의 미래를 한번 살펴보자. 그 미래학 책에서는 앞으로 어떤 일들이 일어날 거라고 말하고 있지?"

"사실 읽기는 했는데요, 제가 모르는 게 너무 많아서인지 솔직히 잘 이해가 되지 않아요."

J는 소리 내어 웃으며 유진의 머리를 쓰다듬었다.

"미래학자들이 말하는 미래에 대해 이해하려면 먼저 현재와 과거에 대한 충분한 이해가 있어야만 해. 지금 이해가 잘 안 되는 건 현재에 대한 지식이나 이해가 부족하다는 의미야. 조금만 더 시사적인 내용에 관심을 갖고 이해하려 노력하면 언젠가는 이 책에서 말하는 미래의 전망에 대한 의미를 깨달을 수 있게 될 테니까, 너무 걱정은 마."

"네, 선배. 상식에 대한 이해라, 신문도 좀 읽고 뉴스도 좀 보라는 거죠? 이것 역시 10분씩은 투자를 해야겠는 걸요? 이제 바쁘다는 핑계는 대지 않을 거예요!"

유진의 다짐에 J는 고개를 끄덕여주며 오늘의 주제에 대한 이야기를 꺼냈다.

"그럼 오늘은 우리의 미래에 대한 이야기를 해보자."

J는 테이블에 두 손을 올리고는 손가락을 펼쳐보였다.

"나는 한때 이런 생각을 한 적이 있어. 왜 양손의 손가락이 열 개일까?"

유진이 웃으며 말했다.

"한 번도 그런 생각을 해본 적이 없는데, 참 선배다운 의문이네요. 그래서 그 이유는 뭔가요?"

J는 손가락을 하나씩 오므렸다 폈다 하면서 말했다.

"글쎄, 실망할지 모르겠지만 사실은 나도 잘 몰라. 생물학적으로는 어떻게 설명할 수 있겠지. 고등동물일수록 손가락이 많은 편이니까, 필요한 만큼 진화했다거나 문명의 발전과도 관련이 있을 테고. 어쨌든 많은 사람들은 그저 열 개라는 숫자 자체에 어떤 의미를 부여할 뿐이지. 어떤 시인은 엄마 뱃속에서 열 달의 은혜를 입었기 때문에 손가락이 열 개라고도 해. 그래서 엄마도 아기가 태어나면 손가락이 열 개인지부터 확인한다고 말이야."

"선배답지 않은 비과학적인 대답인데, 전 오히려 더 공감이 가네요."

유진이 짓궂게 웃으며 자신의 손가락을 펼쳤다.

"내가 말하고 싶은 건 손가락이 열 개이기 때문에 사람은 이 10이라는 개념에 익숙하다는 거야. 아주 오랜 옛날부터 열 개의 손가락과 발가락을 이용해서 셈을 했고, 심지어 어린 아이들도 10까지의 숫자는 쉽게 배우거든. 내가 확신하는 것도 어떤 일이든 적어도 10까지는 번호를 붙일 수 있고 우리가 관리할 수 있다는 점이야. 그래서 나는 매년 열 개의 목표를 수립하고 있어."

유진은 J가 너무 많은 목표를 세운다고 생각했다.

"우와! 선배니까 가능한 거 아닌가요? 전 하나의 목표도 제대로 못 세우는데. 그마저도 노력을 안 해서 이루지도 못하구요."

J는 웃으며 이야기를 이어갔다.

"물론 하나의 목표를 이루기도 쉽지 않아. 그건 나도 마찬가지야. 다만 열 개의 목표를 그것도 1년의 목표로 세우는 이유는, 내가 나태해지고 의욕이 없어질 때 스스로를 자극할 수 있는 요소가 있으면 좋고, 그것도 내가 관리할 수 있는 수준에서 많을수록 좋기 때문이지. 그런 점에서 열 개의 목표는 의미가 있어. 특히 10년의 꿈을 바라보는 목표라면."

"1년 목표로 열 가지나 세운다는 건가요? 어차피 10년을 염두에 둔 목표라면 그냥 1년에 하나씩 하는 게 낫지 않을까요?"

유진의 궁금증이 커져만 갔다.

"우리가 지금까지 시간의 마법에 대해 이야기했었지? 시간의 마법이란 매일 조금씩 하는 최소한의 노력이자 나와의 약속이 있어야 한다고 말했고. 우리가 시간의 마법에 의한 어떤 성과를 얻으려면 나는 적어도 10년 정도의 시간이 필요하다고 생각해. 내 경험상으로 봐도 그렇고, 무언가를 새로 시작하고 노력해서 그 결실을 이루려면 적어도 그 정도의 긴 시간이 지나야 비로소 원하는 수준에 이를 수 있기 때문이지. 영화 속 주인공처럼 피아노를 배워 멋지게 연주할 수 있으려면, 어떤 학문에 도전해서 석사 박사라는 학위를 받으려면, 또 어떤 큰 시험에 합격하기 위해 준비해야 하는 노력을 고려한다면 그 정도의 시간이 필요하지 않겠어? 물론 사람에 따라 10년이 안 걸릴 수도 있고 더 걸릴 수도 있겠지. 하지만 애초부터 그 정도의 기간을 고려하는 게 오히려 마음이 편안해."

유진은 J의 이야기를 이해할 수 없다는 표정이었다.

"하지만 선배! 바로 지금이 중요하고 바로 내일, 내년에 행복하고 싶은데 어떻게 10년을 기다려요. 못 기다릴 것 같아요. 아무래도 선배가 좀 특별한 사람이라서 가능한 거 아닐까요?"

J가 미소를 지었다.

"물론 다른 사람들의 생각도 너와 비슷해. 나도 물론 몇 달 내에 또는 1년 이내에 성공하고 싶지. 목표를 그 정도로 잡는다면 못할 것도 없어. 예를 들어 내 월급이 200만 원인데 500만 원의 목돈을 모으려는 계획을 세운다고 해보자. 이런 목표라면 물론 1년 정도의 기간 안에 충분히 이룰 수 있겠지. 하지만 내가 말하는 목표는 그런 게 아니야. 사실 그 정도의 목표라면 맘만 먹으면 몇 번의 노력으로 가능해. 굳이 시간의 마법이 필요 없다는 말이지."

"아, 제가 생각하는 목표가 그런 수준의 것이었는데. 선배 말을 들으니 그런 목표는 정말 시간의 마법과는 별로 상관이 없겠군요."

"당연하지. 내가 말하는 목표는 적어도 내 인생의 일기장에 당당하게 기록할 수 있는 그런 목표인 거지. 물론 500만 원을 1년 안에 모으는 것도 중요해. 그래야 그 돈으로 1000만 원, 2000만 원, 1억 이렇게 불려갈 수 있을 테니까. 뭐든지 그런 시작이 중요하지. 그래서 1년의 목표도 필요한 거고. 자, 적어도 10년 정도는 노력해야 하는 목표를 한번 세워보자. 그리고 그걸 이루기 위해 올해 안에 해야 하는 단기 목표도 세워보고. 이것들을 노트에 죽 나열해 봐.

고등학교 다닐 때 나는 반드시 최고의 학부에 들어간다는 장기적인 목표를 세우고 그를 위한 계획을 매년 수립했어. 그리고 대학에 가서는 세계 일주를 해보자는 목표를 세우고 매년 그 준비를 했지. 어학, 자금, 충분한 정보 입수 등등. 그리고 회사에 들어가서는 전문가로서 인정받는 사람이 되기 위해서 박사학위를 취득하자는 목표를 세웠어. 이건 사실 목표라기보다는 꿈이라고 할 수도 있겠지. 그리고는 시간의 마법을 이용한 거야. 우리는 그저 10년 후의 꿈을 꾸면서 오늘 해야 하는 10분의 노력에 집중하기만 하면 돼. 그런 다음 모든 건 시간의 마법에 맡기는 거야."

유진은 여전히 자신이 없었다.

"하지만 하루 이틀 약속을 지켜내기도 어려운데, 어떻게 10년을 버티며 기다릴 수 있을까요? 저처럼 의지가 약한 사람으로서는 불가능한 일이에요."

"만약 그렇다면 또 하나의 방법이 있어. 너는 약속을 잘 지키는 편이지 않니?"

"네, 가급적 지키려고 노력하는 편이죠. 제 스스로도 약속을 안 지키는 사람은 싫어하거든요."

"그러면서 자신과의 약속은 잘 못 지키겠다고 하는 거야? 그렇다면 타인과 약속을 하면 되겠네."

J는 색다른 방법을 제안했다. 약속하는 방법에 대해.

"제 미래에 대해서 말인가요?"

"그래. 너의 미래에 대해 타인과 약속을 하는 거야. 사실 약속이라기보다는 너의 꿈을 항상 사람들에게 이야기하는 거지. 그럼 사람들은 너의 꿈에 대해 늘 이야기를 꺼낼 테고 또 너 역시 그럴 때마다 네 꿈에 대해 생각할 테니까."

유진은 이제야 이해하겠다는 표정을 지으며 고개를 끄덕였다.

"아, 그런 방법이 있었군요. 나의 꿈에 대해 알고 있는 사람들이 나를 볼 때마다 어떻게 해나가고 있는지 물어본다는 거죠. 그거 완전 부담이겠는걸요."

"그렇게 부담스러워야 자신과의 약속을 지킬 수 있는 계기가 마련되는 거지. 예를 들어서 훌륭한 작가가 되고 싶다면 '나는 베스트셀러 작가가 될 거다'라고 친구들에게 말하고 다니는 거야. 물론 베스트셀러 작가가 다 훌륭한 작가는 아니겠지만. 어쨌든 그렇게 말하다보면 스스로도 계속해서 리마인드되고 좋은 작가가 되기 위해 노력할 수 있겠지. 주변 사람들을 봐서라도 말이야."

"사람들을 의식하지 말라고 해놓고는 이건 완전히 그걸

역이용하는 거네요."

"하하, 그런 셈이지. 어쨌든 그렇게 함으로써 자신의 꿈을 되뇌고 자신과의 약속을 지킬 수 있게 되는 거야. 그리고 너무 10년에 얽매일 필요는 없어. 어차피 중요한 것은 오늘 그 꿈을 위한 노력을 조금이라도 했느냐 하는 거니까. 그것만 지키면 돼."

유진은 잠시 자신에게 어떤 꿈이 있었는지 생각해봤다. 내게 10년을 바라보는 그런 꿈이 있었던가?

"그러고 보니 저는 그런 꿈이 없었던 것 같아요. 당장 오늘 내일만 생각하면서 발 앞만 보고 무작정 걸었던 거죠. 재미있는 일이 생기면 금새 기뻐하다가도 아니면 이내 또 슬퍼지거나 우울해하고, 그렇게 하루하루에 일희일비하면서 정처 없이 살아가는 인생이었던 것 같아요."

J가 고개를 끄덕였다.

"바로 이해했구나. 많은 사람들이 자신도 모르게 우울증으로 힘들어하는 이유가 바로 그것 때문이야. 분명 즐거운 일도 있고 재미있는 일도 많았는데, 그 기쁨은 잠시고 자신의 처지가 불쌍해 보여서 한없이 외롭다는 생각에 빠지게 되지. 그게 다 꿈이 없기 때문이고, 뭔가를 하고 싶다는 의욕이 없기 때문인 거라구."

"맞아요. 제 인생이 바로 그랬어요."

"그래서 꿈을 꾸어야 하고, 또 그런 꿈을 구체화하는 것이 바로 10년의 목표야. 이런 꿈이 있으면 당장은 힘들지만 적어도 미래에 내가 어떻게 돼 있을지를 생각하면 기분도 새로워지고 의욕도 생기게 마련이지. 예를 들어 새벽부터 밤까지 시장에서 장사하는 분들을 생각해 봐. 그런 분들일수록 참 열심히 저축을 하시거든. 매일 힘들게 일해서 저축한 돈이 차곡차곡 통장에 쌓이는 걸 보면서 그게 목돈이 되는 꿈을 꾸는 거지. 그래서 힘들지만 행복하게 인생을 살 수 있는 거구."

꿈을 꾸며 살아가는 하루하루의 행복. 유진은 자신이 인생의 진정한 의미를 모르고 살았다는 생각이 들었다.

"저는 매일 늦게까지 장사하시는 분들을 보면서 안쓰러웠는데, 실은 제가 더 불행한 인생을 살고 있었나 봐요."

J는 껄껄 소리 내어 웃었다.

"꿈이 있다면 누구나 행복해질 수 있어. 꼬박꼬박 저금을 한다거나 하는 사람들은 시간의 마법을 이미 어느 정도 향유하고 있는 거라고 할 수 있지. 꿈은 누구나 꿀 수 있어. 하지만 중요한 건 지금 그 꿈을 위한 목표를 세우고 그 목표를 향해 달릴 수 있느냐 하는 거야. 마라톤처럼 말이야.”

“정말로 마라톤 같겠어요. 10년의 목표, 10년의 꿈이라. 하지만 지치지 않을까요? 성과도 쉽게 눈에 보이지 않고.”

유진은 자신이 과연 해낼 수 있을까 하는 걱정이 앞섰다.

“힘들 수 있지, 당연히. 마라톤을 하고 있는데, 내가 지금 어디쯤에 와 있는지도 모른다면 그 자체만으로도 지치는 일일거야. 그래서 적어도 얼마만큼 왔고 또 얼마를 더 가야 하는지 알려주는 이정표와 격려해주는 사람들 그리고 중간마다 갈증을 해소시켜주는 시원한 음료도 있어야 하겠지. 마찬가지로 우리 인생도 꿈을 이루어나가는 과정에서 많은 이정표와 사람들의 도움 그리고 음료가 필요해. 그래서 나는 매년 연말이면 나의 열 가지 성과를 되돌아 본 다음 꿈을 위해 그리고 나의 행복을 위해 올해 해야 할 일 열 가지 계획을 세우거든. 그게 바로 마라톤에서 중간 이정표를 찍고 또 음료를 마시는 것과 같은 과정이야.”

유진은 생각에 잠겼다. 매년 정리해보는 열 가지 성과와 열 가지 계획이라.

"그런데 제 인생에서 매년 열 가지씩이나 성과가 나올지 모르겠어요. 도대체 어떤 걸 성과라고 해야 할지?"

"너무 성과라는 말에 집착할 필요는 없어. 사실 나도 열 가지 뉴스 정도로 정리하니까. 10대 뉴스라고 해서 우리 부부가 함께 쓰는 일기장에 기록해놓는 거야. 예를 들어 공모전에 입상을 했다거나, 세일즈 상을 받았다거나, 어떤 논문을 게재했다거나, 아기가 학교에서 어떤 상을 받았다거나 하는 좋은 일도 있을 테고, 아이가 아파서 입원했다거나, 교통사고가 났었다거나 하는 좋지 않은 일들도 있겠지. 무엇이든 뉴스의 대상이 될 수 있어.

꿈이 있다고 해서 꿈과 직접적으로 관련한 것만 볼 필요는 없어. 아이들의 환한 미소, 갑자기 들어온 행운 이런 것들도 꿈을 향해 달려가는 인생의 마라톤에서 시원한 청량제 역할을 하기에 충분하니까. 그리고 좋은 일만 생각할 필요도 없어. 안 좋았던 일도 결국은 좋은 추억인 셈이니까. 지금 내가 살아 있다는 게 얼마나 행복한 일인지, 앞으로 어떻게 살아야 하는지, 또 어떤 노력을 해야 그런 일이 다신 일어나지 않도록 할 수 있는지 마음을 다잡게 해주는 좋은 계기가 되니까."

유진은 고개를 끄덕였다.

"그렇군요. 어쨌거나 내게 한 해 동안 일어났던 일들을 손꼽아 보며 그 의미를 찾아본다는 거죠? 그렇게 본다면 열 가지의 새로운 목표도 대충 어떤 식으로 세워야 할지 알 것 같아요."

"맞아. 10대 뉴스를 통해서 한 해를 정리하면, 다음 한 해 동안 무엇을 노력해야 할지, 또 무엇을 조심해야 할지 예측할 수 있거든. 그래서 우리 가족은 12월 31일에 다 같이 모여서 가족의 10대 뉴스를 서로 정리하고, 제야의 종소리를 듣고, 희망찬 마음으로 새해 계획을 세우지. 각자의 목표를 위해 해야 하는 일, 또 하고 싶은 일, 신경 써야 할 일 등 열 가지를 정리해서 나열한 다음, 이렇게 세운 계획은 종이에 크게 적어서 눈에 잘 띄는 곳에 붙여놓는 거야. 냉장고 문 위나 책상 위 잘 보이는 벽 같은 데 말이야."

유진이 미소를 지었다.

"그렇게 해놓으면 안 볼 수가 없겠어요. 항상 눈에 띌 테 니까요?"

"그래서 일부러 눈에 잘 띄는 곳에 붙여놓는 거야. 나도 가끔 우울한 생각이 들거나 인생의 짐이 느껴질 때면 서재 벽에 붙여놓은 올해의 계획을 소리 내어 읽어 봐. 그런 다음 10년의 꿈을 머릿속에 떠올리면 어느새 기운이 나거든. 결국 그런 시간들이 숨 가쁜 인생에 쉼표가 되어주고, 격려가 되고 그리고 시원한 청량감을 안겨주는 것 같아. 특히 요새처럼 컴퓨터로 대부분의 작업을 하는 환경에서는 오랜 시간 일을 하면 쉬 눈이 피곤해지기도 하는데, 그럴 때마다 멀리 벽에 붙여놓은 목표를 한 번씩 읽어보면 눈의 피로도 풀리고 또 새로운 각오도 다질 수 있으니까, 집중력도 더 좋아지고 능률도 올릴 수 있는 이점이 있지."

"그게 바로 선배가 한결같은 하루하루를 사는 비결이겠 군요."

하지만 유진은 과연 본인이 그렇게 매일 노력하며 살 수 있을까 하는 의심이 들었다.

"그래도 저는 조바심이 날 것 같아요. 과연 내 꿈이 이루어질지, 잘못하고 있는 건 아닌지 의심도 되고, 그래서 오히려 더 체념하지 않을까 싶기도 해요."

"그런 건 걱정하지 마. 오늘 당장 숙소에 가서 한번 해보도록 해. 그럼 내 말을 이해하게 될 테니까. 어쨌거나 중요한 건 마음가짐이야. 10년의 목표, 꿈! 인생이라는 마라톤에서 진도가 잘나가고 있는 건지, 과연 앞으로 나아가고 있는 게 맞기는 한 건지 같은 생각들은 버려도 좋아. 의심하지 말고 자신을 믿어 봐.

내가 항상 하는 말이 있어. '지금 시작하면 10년 후에 기뻐할 것이고, 지금 포기하면 10년 후에 슬퍼할 것이다.' 목표가 있는 삶은 결코 편안함에 유혹당하지 않아. 지금 내가 자리를 지키고 오늘 하기로 한 나와의 약속을 지킨다면 그 다음은 시간에 맡기는 거야. 이미 내 삶은 시간의 마법에 걸려 있으니까. 그것을 의식하는 순간 우리는 시간의 마법을 활용할 수 있게 되는 거지."

선배와의 미팅을 마치고 숙소로 돌아오면서 유진은 골똘이 생각에 잠겼다.

'10년 후 나는 과연 어떤 모습이 되어 있을까?'

그러고 보니 유진은 미래의 자신의 모습을 한 번도 그려 본 적이 없는 것 같았다.

숙소로 돌아온 유진은 일기장을 꺼냈다. 그리고 J가 해 준 말들을 꼼꼼하게 기록했다.

- 10년 후 내가 꿈꾸는 인생의 목표를 세워라.
- 목표를 이루기 위한 10년의 과정을 생각하라.
- 매년 열 가지의 성과와 또 열 가지의 계획을 작성하라.

'그렇다면 나의 10년 후 목표는 무엇일까?'

유진은 본인의 상황을 생각했다. 지금까지 유진의 경쟁력이 호감을 주는 외모와 스타일이었다면, 10년 후에도 과연 그런 것들이 자신의 경쟁력이 될 수 있을지 의문이 들었다.

'그렇다면 나와 같은 상황에서 성공한 사람들은 누가 있을까?'

유진은 오늘 미래학을 강의하던 카리스마 넘치는 강사를 떠올렸다.

'그래, 그분처럼 한 분야의 전문가가 되었으면 좋겠어.

그러면 나이가 들어서도 점점 사람들의 관심 속에서 멀어지
지 않고 오히려 세월과 연륜을 인정받을 수 있을 거야.'

유진은 갑자기 가슴 속에서 뭔가가 끓어오르는 것 같은
감정을 느꼈다. 몹시 흥분이 되기까지 해서 연필을 잡고 있
던 손가락이 미묘하게 떨렸다.

유진은 일기장에 다음과 같이 커다랗게 적어 넣었다.

패션 전문가 의류학박사 정유진

'앞으로 내 명함에 이렇게 써 넣을 거야. 정유진 박사! 잘
할 수 있겠지?'

유진은 자신이 조금씩 달라지고 있다는 것을 느꼈다. 앞
으로 무슨 일을 해야 할지가 머릿속에 그려지고 그 기대감에
가슴이 벅차올랐다.

혼자서 실실 웃고 있는 유진을 보며 룸메이트인 서연이
궁금하다는 듯이 물었다.

"너 요새 밤마다 뭐해? 일기 쓰는 거야?"

유진의 룸메이트 서연은 명문 대학 법학과를 졸업하고

회사를 다니다 이번 S상사 특채에 응시한 경우다. 연수 기간 동안 처음 사귄 친구이기도 하지만, 나이도 같고 말도 잘 통해서 마치 몇 년은 사귄 친구 같았다.

"서연아, 내가 여기서 오래전 알고 지내던 선배를 만났다고 했었잖아?"

"아, 그 교수님? 요새 저녁마다 미팅 있다며?"

"요 며칠 동안 선배가 해준 이야기를 듣고 나니까 가슴이 미칠 듯이 뛰면서 막 벅차오르는 거 있지. 내 인생에 처음으로 꿈이 생긴 것 같거든."

서연은 궁금해서 못 견디겠는지 어느새 옆으로 다가와 앉았다.

"그게 뭔지 나한테도 말해주면 안 돼?"

"그래! 어렵지 않아. 여기 내 일기장하고 노트 보이지? 여기에 선배의 이야기를 모두 정리해놓았어."

유진은 서연에게 그동안 정리한 내용들을 자랑스럽게 펼쳐보였다.

"와, 이런 거였어? 난 그냥 단순한 커피타임인 줄 알았는데."

"내가 설명해줄게. 이건 시간의 마법에 관한 이야기야. 처음 시작은 어떤 영화의 줄거리에서부터 시작해."

유진은 룸메이트에게 그동안 선배가 해준 이야기와 자신이 느낀 점을 메모를 짚어가며 하나하나 설명해주었다. 서연은 유진의 이야기를 듣는 내내 매우 놀라워하는 표정을 지었다. 설명이 끝나자 서연이 유진에게 한 가지 부탁을 했다.

"유진아! 내일부터 나도 그 10분 미팅에 참여하면 안 될까? 진심으로 부탁해!"

"선배에게 물어봐야겠지만, 아마 괜찮을 거야. 여러 사람과 대화하는 걸 좋아하는 사람이니까."

두 사람은 뿌듯한 감정을 주체하지 못하고 그날 밤 늦게까지 이야기를 나누었다.

유진의
메모

4. 10년의 마법

+ 인생의 꿈을 향해 달리는 마라톤을 위해 중간에 이정표도 만들고 청
  량음료도 준비하자. 그것이 1년의 열 가지 성과(뉴스)와 다음 1년의
  열 가지 계획이다.

+ 지금 시작하면 10년 후에 기뻐할 것이고, 지금 포기하면 10년 후에
  슬퍼할 것이다. 목표가 있는 삶은 결코 편안함에 유혹당하지 않는다.

+ 10년 후 내가 꿈꾸는 인생의 목표를 세워라.

+ 목표를 이루기 위한 10년의 과정을 생각하라.

+ 매년 열 가지의 성과와 또 열 가지의 계획을 적어라.

다섯 번째 이야기 기억의 마법

시간을 초월해서 기억 속에 오래 담아두려면
관심 갖고, 설명하고 그리고 반복하라

알람 소리와 함께 아침이 밝았다. 유진은 여전히 이불 속에서 베개를 안고 뒤척였다. 오히려 서연이 먼저 일어나 유진을 재촉했다.

"유진아! 우리 10분의 약속 시간 늦겠다. 서둘러야 해."

"어제 우리 이야기하느라 너무 늦게 잤나 봐. 좀만 더 자면 안 될까?'

"시간의 마법을 믿는 사람이 그러면 안 되지. 어서 빨리 일어나!"

서연은 유진의 이불과 베개를 뺏어버리고는 장난치듯 웃으며 도망갔다.

두 사람은 상쾌한 기분으로 리조트 주변을 걸었다.

"와, 이곳의 아침은 정말 상쾌하구나. 그동안 이 귀중한 순간을 모르고 보냈다는 게 너무 아쉬운데?"

"맞아, 나도 처음 산책할 때 그랬어. 잠과 산책 둘 중 하나를 택하라면 당연히 산책을 고르겠지만, 잠의 유혹을 뿌리치는 것도 나로서는 쉽지 않은 일이야."

"너는 항상 누군가 옆에서 깨워줄 사람이 있어야 할 거 같아. 와, 어쨌든 정말 좋다. 머리가 아주 맑아지는 느낌이야. 저기 자전거 길도 있네. 자전거를 타고 돌아보는 것도 아주 좋겠다."

유진과 서연은 산책을 하며 상쾌한 기분에 흠뻑 취했다.

시간의 소중함

넷째 날 연수의 오전 시간은 마케팅 이론에 대해서 그리고 오후에는 저작권법에 대한 강의와 토론회가 있었다.

마케팅 이론 시간에는 실무적인 마케팅 전략과 성공 사례에 대한 강의를 들었다. 오후 강의는 저작권과 사례 연구에 대해서였는데, 최근 S상사는 음반과 비디오 저작물 등에 대한 인터넷 온라인 유통 사업을 시작해서 저작권에 대한 이해가 필요하다고 했다. 특히 마지막 날에 관련 내용의 시험도 예정되어 있어서 유진은 은근히 강의를 듣는 게 부담스러웠다.

'법이라는 이야기만 들어도 머리가 지끈거리는데, 시험까지 본다니.'

유진으로서는 죽을 맛이었다. 전공이 법학임에도 불구하고 아주 열심히 듣고 있는 서연을 보며 유진이 한 마디 건넸다.

"너는 이거 다 아는 내용 아니야?"

"꼭 그렇다고는 할 수 없어. 배우기는 했지만 오래되어서 기억도 안 나고, 무엇보다도 많은 부분이 바뀌었다고 하더라고. 그리고 오늘 커리큘럼을 보면, 우리 회사의 저작권법 위반 사례를 중심으로 케이스 스터디와 토론 시간이 많아서 거의 처음 배우는 거나 마찬가지야."

"에이 엄살은. 그래도 나보다는 낫겠지. 정말 법은 너무 어려운 것 같아. 저 많은 법 조항을 어떻게 외우지? 걱정이다."

유진은 두터운 교재만큼이나 마음도 무거워져 강의 시간 내내 안절부절못했다.

강의가 끝나고 연수 담당자의 공지가 전달되었다. 마지막 날 최종 평가에 대한 내용이었다. 연수생들은 모두 긴장하고 담당자의 말에 귀를 기울였다. 시험은 한 시간에 걸쳐서 이루어질 예정이고, 시험 과목은 S상사의 회사 개요, 저작권법 그리고 시사 상식 이렇게 세 분야로 이루어지며, 총 61문제의 시험 문제가 제공된다고 했다. 시험은 모두 객관식이며 마지막 문제만 주관식 서술형이라는 말에 유진은 아마도 마지막 문제는 지난번 언급한 '최고의 가치'에 대한 내용일 거라고 짐작했다.

그러고 보니 S상사의 최고의 가치에 대해서는 아직 뾰족한 아이디어가 떠오르지 않았다. 유진의 두려움은 점점 커졌다. 현재 최하위권의 성적인데 그나마 시험에서 두각을 나타내지 못하면 불합격은 기정사실이나 마찬가지였다. 그러나 시험은 저작권법, 시사 상식 등 유진에게 더할 나위 없이 버거운 것들이었다. 유진은 시험에 대한 걱정으로 다시 심장이 두근거리기 시작했다.

'아, 이렇게 S상사와의 인연이 끝나는 건가?'

호주에 있는 엄마한테 합격했다고 말한 게 괜한 짓이었나 하는 생각도 들었다. 그냥 안부만 전할걸. 처음엔 그래도 50퍼센트 안에는 들 수 있을 거라고 생각했는데, 연수 일정이 중반을 넘어선 지금 오히려 탈락할 확률이 훨씬 높아졌다.

유진은 상념에 빠져 강의에 집중하지 못했다. 그때 연수 담당자의 한마디에 유진은 다시 정신을 차렸다. 다음날 오후 일정이 끝나고 약 세 시간 동안 교재를 다시 제공하고 부족한 부분에 대해 복습할 기회를 주겠다는 것이었다. 그리고 시사 상식에 대한 시험을 위해 시사 상식 교재 역시 공부 시간 동안 제공하겠다는 제안도 있었다. 다행이라는 생각이 들었지만 다시 생각해보니 다른 연수생들도 똑같이 공부할 시간이 생기는 것이기 때문에 어차피 마찬가지였다.

'그래도 연수 기간 동안 뭐 하나라도 얻게 된다면 그것 또한 행운인 거니까. J선배라면 아마 그 과정을 즐기라고 이야기할 거야. 그래, 최선을 다해보자.'

유진은 불안한 마음을 다잡으려 노력했다.

하루 일정이 다 끝나고 이른 저녁을 먹은 후 다시 숙소로 돌아온 유진과 서연은 마지막 날의 시험에 대해 이런저런 이야기를 나누었다.

"책을 덮으면 머릿속에 들어갔던 지식이 한순간에 모두 사라지는 것만 같아. 이래가지고 내일 세 시간의 공부로는 어림도 없겠어. 이게 나이를 먹었다는 증걸까? 예전엔 이 정도는 아니었던 것 같은데."

유진의 과한 엄살에 서연이 크게 웃었다.

"우리 나이에 무슨 소리! 하지만 나도 전처럼 잘 외워지지 않는 것 같긴 해. 분명 집중해서 들었는데. 아마도 지금 연수 중이라 마음이 들떠서 더 그런 것 같기도 하구. 하지만 최종 시험 결과가 연수 점수에 큰 비중을 차지한다고 하니 정말 부담스럽기는 하다."

그때 유진의 휴대전화 알람이 9시를 알렸다. 선배와의 10분 미팅 시간을 알리는 알람이었다. 서연 역시 빠르게 지나가는 시간에 놀랐다.

"기계는 때때로 너무 무서워. 내가 의식하지 않는 사이

에도 자기에게 주어진 일을 칼같이 지키며 하고 있잖아. 그
것도 1초의 오차도 없이 말이야. 마치 터미네이터가 나를 향
해 빨간 눈을 밝히며 다가오는 느낌이랄까?"

유진이 맞장구를 쳤다.

"그래서 살바도르 달리는 시계를 그렇게 증오했나 봐. 벌
레들이 시계를 갉아먹도록 그렸잖아. 세상을 각박하게 만드
는 주범이라고 생각한 것 같아. 오늘 나하고 같이 갈 거지?"

"당연하지! 내가 이 순간을 얼마나 고대했는데!"

기억의 세 가지 원리

유진과 룸메이트는 커피숍으로 향했다. 안쪽 자리에 차를 마
시며 책을 보고 있는 J의 모습을 발견하고는 유진과 서연이
반갑게 인사를 했다.

"오늘은 시간을 딱 맞춰 왔구나."

"네, 선배! 저, 이쪽은 서연이라고, 제 룸메이트예요. 선
배가 해준 이야기를 듣고는 자기도 10분 미팅에 꼭 참가하고
싶다고 해서요. 괜찮을까요?"

"물론이지! 시간의 마법에 관심이 있는 사람이라면 누구든 환영이지. 반갑다, 서연!"

"네, 선배님. 이렇게 참여할 수 있게 해주셔서 감사드립니다!"

J의 환영에 잔뜩 긴장했던 서연의 얼굴이 환해졌다.

"오늘 강의는 어땠니?"

"마케팅과 저작권법에 관한 강의였어요. S상사에서 온라인 콘텐츠 유통 사업을 대규모로 추진하고 있어요. 그래서인지 저작권법도 마지막 날 시험에 포함된대요. 입사 여부를 결정하는 중요한 시험이라 우리 모두 긴장하고 있어요."

"혹시 신입사원 연수에서 왜 그런 시험을 보는지 생각해 봤니?"

뜻하지 않은 J의 질문에 두 사람은 당황했다.

"아니요? 업무에 필요해서 그런 거 아닌가요?"

"상식 차원에서 필요할 수도 있겠지만, 법무 담당이 분명히 있을 텐데 굳이 연수생들에게 시험에 대한 부담까지 줄 필요는 없지 않을까? 회사는 연수생들에 대해 궁금한 게 아주 많아. 지금까지는 오직 제출된 성적과 자기소개서로만 판단할 수밖에 없었기 때문에 이번 미션을 통해서 연수생들의 위기 해결 능력과 학습 능력, 성실함 등을 보려고 하는 거야, 이틀이라는 시간을 주고서. 항상 '왜 이 시험을 실시하는 걸까?' 하고 그 문제에 대해 깊이 생각하면 시험에 대한 마음가짐이 달라질 수 있지."

"하하, 그런가요? 선배 이야기를 듣고 나니 더 부담이 생기네요."

들고 있던 서연이 먼저 기억에 대한 화두를 던졌다.

"그런데 선배님, 시간의 강 속으로 흘러내리는 기억을 좀더 오래 담아놓을 방법은 없을까요? 예를 들면 이번 저작권법 시험처럼 공부한 내용을 완벽하게 머릿속에 담아서 시험을 잘 볼 수 있는 방법이요."

"저도 그동안 선배의 말을 들으면서 느낀 건데요, 내 주변으로 흘러가는 것들이 참 부질없이 느껴져요. 방금 전에 본 책의 내용조차 하나도 기억이 안 난다니까요. 심각하죠? 이번 고비만 넘기면 더 이상 시험 같은 걱정은 안 해도 될 것 같은데."

유진의 푸념에 J는 고개를 저었다.

"설마 이걸로 시험이 끝일 거라고 생각한다면 그건 심각한 착각이야!"

"네? 무슨 말씀이세요? 우리가 이런 공부를 계속해야 한다구요?"

J의 뜻하지 않은 대답에 유진은 혼란스러웠다.

"나야 뭐 학자니깐 그렇다고 해도, 아직 회사에 남아 있는 내 입사 동기들도 차장 진급 시험을 보기 위해 공부하고 있는걸. 이번에도 진급을 못하면 큰일이라면서 말이야. 그리고 친구 하나는 자격증 공부를 한다고 주말마다 도서관에 다니고 있지. 영어 시험 준비하는 친구도 있고."

"저런, 인생은 정말 시험의 연속이네요."

"그렇지. 경쟁 사회 속에서 살아가기 위해서는 결국 다양한 평가에서 자신을 돋보이게 하던가, 특별한 자격증으로 남들보다 우수하다는 것을 계속해서 보여야만 하니까. 그런데 문제는 우리의 기억력은 점점 쇠퇴해간다는 점이야. 너희들의 고민처럼 아무리 노력해도 머릿속에 저장해두기가 점점 어려워지지."

"안타깝군요. 왜 우리는 그렇게 많은 걸 기억하지 못하는 걸까요? 우리가 보고 듣는 모든 것들을 다 기억할 수 있다면 좋을 텐데……."

유진은 사람이 가지고 있는 기억력의 한계가 무척이나 아쉬웠다. 그렇지 않다면 시험에 대한 걱정도, 또 잊혀져가는 추억에 대한 그리움도 사라질 텐데.

"그건 누구나 같은 마음 아니겠어? 원하는 모든 걸 다 기억할 수 있다면 얼마나 좋을까 하고 말이야. 하지만 우리가 보고 듣는 대부분의 것들을 오래 기억하지 못하는 건 아마도 하늘의 뜻이 아닐까 싶어. 그게 바로 망각의 마법이기도 하고 말이야."

"망각의 마법이요? 왜 그렇죠? 다 기억할 수 있으면 좋은 거 아닌가요?"

유진은 고개를 갸우뚱했다.

"만약 사람들이 그렇게 많은 것을 전부 다 기억하고 있다면 아마 정상적인 생활이 힘들겠지. 항상 과거의 일에 연연하고 너무 많은 생각 때문에 제대로 판단하기도 쉽지 않을 테고. 그래서 신은 우리에게 그런 과거의 기억들을 모두 시간의 강에 흘려보낼 수 있도록 망각의 마법을 거셨지. 어떤 면에서 보면 망각의 마법 역시 시간의 마법처럼 좋은 거라고 볼 수도 있어. 그 시시콜콜한 수많은 것들을 일일이 찾아서 지우려면 우리 머릿속이 얼마나 복잡하겠어? 차라리 다 잊고 필요한 것만 기억하는 게 낫지.”

“그럴까요? 생각해보면 항상 뭔가를 시작하려고 하면 완전히 백지에서 출발하는 것 같긴 했어요. 그래서 내가 항상 이 모양인가?”

유진의 한탄에 J가 미소를 지었다.

“어쨌든 우리는 사람들과의 경쟁에서 이기기 위해서는 공부를 해야 하고 다양한 지식을 쌓고 기억해낼 수 있어야 해. 언어도 배워야 하고 수학도 할 줄 알아야 하지. 살아남기 위해서는 기억해야 하는 것도 있는 거지. 기억하려고만 하면 어떤 형태로든 습득한 내용을 담아둘 수도 있어. 다만 기억이라는 게 우리가 도서관에 책을 꽂아놓듯이 그렇게 체계적으로 되는 것 같지는 않아. 그냥 어딘지도 모르는 곳에 무작위로 들어가서 자리를 잡지. 그래서 그것을 찾아 꺼내는 건 순전히 우리들의 몫이야. 그나마 다행인 건 어떤 상황이 닥치면 어느 정도 필요한 만큼의 기억이 난다는 거야.”

"선배님, 공부한 것을 더 잘 기억할 수 있는 방법이 있을까요?"

서연은 J의 말을 들을수록 기억의 비밀에 대한 궁금증이 커져만 갔다.

"맞아요, 선배 정말 공부 잘하셨잖아요. 그 들어가기 어렵다는 최고 학부에 최고의 성적으로 입학도 하셨고. 우리 사이에선 정말 전설적인 존재셨지."

유진의 칭찬에 J는 멋쩍은 듯 웃었다.

"하하! 다 옛날이야기야. 그 당시는 나도 절박했었지. 사실 내가 기억력이 그리 뛰어난 편이 아니거든. 중학교 때 성적도 그리 좋은 편이 아니었고. 잘 외우지 못해서 암송대회나 웅변대회 같은 건 꿈도 못 꾸었잖아."

"그러면 어떻게 그렇게 공부를 잘하신 거죠? 고등학교 다니면서 갑자기 번개라도 맞으셨나?"

유진의 농담에 모두 웃음보가 터졌다.

"하하! 번개는 아니지만 마치 번개에 맞은 것처럼 정신이 번쩍 들기는 했지. 어느 날 보니 공부한 것들이 너무도 쉽게 잊히는 거야. 그래서 남들이 책을 보며 공부할 때 나는 어떻게 하면 좀더 잘 이해할 수 있을지, 어떻게 하면 좀더 오래 기억할 수 있을지에 대해서 혼자서 연구하기도 하고 그랬어. 왜냐하면 그 해답을 먼저 찾아야 공부하는 노력이 의미 있을 것 같다는 생각이 들었거든. '어떤 문제점이 있을 때는 그것의 뿌리를 뽑아야만 비로소 그 문제가 해결된다. 가지만 친다고 해서 절대 문제가 없어지지는 않는다. 다른 가지들이 금방 자라나서 여전히 내 앞길을 가로막으니까.' 이것이 내 앞길을 가로막는 장애물에 대처하는 나의 인생철학이란다."

"아, 그렇겠네요. 이거 정말 흥미진진한데요. 기억을 못하는 문제에 대해 근본적인 대책을 찾아본다…… 이제야 선배의 기억의 마법이 나오는 건가요?"

유진과 서연은 기대감으로 슬슬 흥분하기 시작했다.

"기억의 마법이라. 그렇게 말하면 과찬이고, 어쨌든 오늘 내가 이야기하려는 게 그 비결이라면 비결이고, 마법이라면 마법일 수 있겠지. 중요한 건 지금까지도 나는 내가 연구한 그 기억의 마법을 잘 이용하고 여전히 좋은 성과를 내고 있다는 거니까, 한번 믿고 들어 봐."

"네! 어서 이야기해주세요!"

J는 기대에 가득차서 반짝이는 눈빛으로 자신을 바라보고 있는 두 사람의 얼굴을 번갈아 보며 이야기를 시작했다.

"고등학교 친구 중에 정말 열심히 공부하던 친구가 있었어. 우리 반 부반장이었는데, 열심히 필기도 하고 중얼중얼 외우기도 하면서 공부를 했지. 필기한 노트도 컬러풀하고 정말 깔끔해서 친구들이 시험 보기 전에 많이 빌려보곤 했어. 자율학습도 꼬박꼬박 열심히 했고, 문제집은 또 얼마나 많이 푸는지 서점에 있는 문제집은 거의 다 갖고 있던 친구였어. 그런데 정말 이상한 건 그토록 열심히 공부한 것에 비하면 성적이 기대만큼은 아니었다는 거야. 심지어 뒷자리에서 매일 장난만 치는 문제아들보다도 성적이 안 나와서 놀림을 받을 때도 있었어. 당시 옆에서 지켜보기로는 공부하는 방법에 특별히 문제가 있는 것 같지는 않았는데 말이야."

"우리 반에도 그런 친구들이 있었어요. 그래서 다들 많이 속상해 했죠. 사실 그런 친구들에 비하면 저는 공부를 많이 안 하고도 성적을 잘 받는 편이었어요. 그렇다면 그런 친구들의 문제점은 뭘까요?"

유진은 학창 시절 열심히 공부했지만 결국 대학 진학에 실패한 친구들 기억에 갑자기 안타까운 생각이 들었다.

"물론 당시에는 나도 그 친구를 도와줄 수는 없었어. 내 도움을 필요로 하지도 않았고. 하지만 나중에서야 그 친구의 문제점이 무엇인지 이해가 되더라구. 그건 바로 기억의 원리를 알지 못해서였어."

"기억의 원리요?"

유진은 평소 관심 있던 내용이었는지 재빨리 노트에 '기억의 원리'라고 적었다.

"나는 과학자인 만큼 모든 걸 과학적으로 풀어내려는 면이 있지. 과학적인 근거를 들어서 말이야. 그런데 이 기억에 대한 부분은 사실 객관적인 근거를 들기가 모호해. 물론 뇌의 기능이라든지, 뇌의 정보 저장 원리 같은 다큐멘터리도 많이 보고 이해하려고 애써봤는데, 그렇게 생물학적으로 보는 관점보다는 프로이트처럼 정신분석학적이고 심리학적인 접근을 하는 게 오히려 더 설명이 쉬운 것 같아."

"제가 볼 때는 둘 다 과학적인데요. 학문적이라고 해야 하나?"

유진이 웃으면서 대답했다.

"일단 내 설명에 먼저 한계를 두자면, 이건 어디까지나 철저히 나의 경험에서 유추해낸 거니까 이게 전부라고 할 수는 없을 거야. 그래도 어느 정도 근거도 있고 또 내 조언을 통해 성과를 본 사람들도 있으니까 너무 실망은 말고."

"네! 선배가 심리학자가 아니라고 불평하진 않을게요."

유진의 너스레에 두 사람은 웃음을 터뜨렸다.

"기억을 좀더 잘하기 위한 방법은 고등학교 때부터 열심히 연구했던 부분이야. 특히 대학에 가서 정말 공부를 잘하는 많은 친구들을 보면서, 또 과외를 통해 학생들을 지도하면서 더욱더 많은 걸 깨닫게 되었고 확신하게 되었지. 어쨌든 많은 사람들이 자신의 기억을 다루는 법을 잘 모르고 있다는 것만은 분명해."

"저희도 그 중의 한 명이겠죠?"

유진의 반응에 J는 고개를 가로 저었다.

"꼭 그렇지만은 않아. 일반적으로 그렇다는 거지. 너 정도면 잘하고 있는 편이야. 일단 기억은 단기적인 기억과 장기적인 기억으로 나눌 수 있어. 전문적인 용어로는 STMShort

Term Memory과 LTMLong Term Memory이라고 하지. 단기적인 기억은 개인차가 매우 커서, 그건 어떻게 하고 싶어도 잘 안 되는 부분이야. 선천적인 문제라고 할 수 있지. 물론 그런 단기기억을 훈련하는 방법도 있어. 그런데 그런 훈련법도 따지고 보면 기억의 원리를 이용해서 좀더 기억이 잘 나도록 하는 것일 뿐, 대부분 실제로 기억력이 좋아지는 건 아니야. 어쨌든 이렇게 억지로 담은 단기 기억은 시간이 조금만 지나면 금방 잊히게 되어 있어. 연설을 하기 위해 열심히 외운 내용도 연설을 마치고 나면 머릿속에서 싹 지워지는 것처럼 말이야. 그렇다면 오래 기억하기 위해서는 어떻게 해야 할까? 어떻게 하면 시간의 강 속에 흘러가버린 기억들을 좀더 뚜렷하고 확실하게 담아둘 수 있을까?"

"제가 궁금한 게 바로 그거예요. 기억의 마법!"

두 사람은 기억을 잘할 수 있는 방법에 무척이나 관심이 많았다.

"그런데 사실 그렇게 궁금해 하는 해답은 이미 너희들도 알고 있는 거야. 다만 깨닫지 못하고 있을 뿐이지."

"그게 무슨 말이에요? 제가 그걸 알고 있다고요? 그렇다면 제 인생이 달라졌을 텐데요."

유진과 서연은 J의 의외의 대답에 매우 놀랐다. J는 예상했다는 듯이 껄껄 웃었다.

"우리 과학자들이 어떤 문제를 해결할 때 많이 쓰는 방법인데, 매우 효과적이야. 그건 바로 유사한 다른 문제의 해답으로부터 역으로 풀어나가는 방법인데, 대부분은 핵심 원리가 같기 때문에 그 과정에서 웬만하면 중요한 실마리를 다 찾을 수 있지. 너희와 내가 원하는 게 어떤 걸 오래 기억할 수 있는 방법이었잖아? 그러면 우리가 언제, 어떤 경우에 기억을 잘해냈는지를 한번 분석해보자."

"역시 과학적이시군요. 우리가 기억을 잘했던 상황으로부터 기억의 비밀을 풀어보자는 거죠?"

"그래, 맞아! 여기서 내가 하나 물어볼게. 유진이가 과연 정답을 알고 있는지, 아닌지."

유진은 고개를 끄떡였다.

"유진이는 지난 1주일 동안 있었던 일 중 가장 기억나는 게 어떤 것들이니? 한번 죽 나열해 봐."

유진이 곰곰이 기억을 떠올렸다.

"잠깐만요. 음, 뭐가 먼저 떠오르지? 일단 톱스타 가수가 결혼했는데 그 사실을 10여 년 동안 아무도 몰랐다고 하더군요. 그 뉴스를 읽은 게 기억나요. 아, 며칠 전 친구의 전화! 제가 아르바이트를 했던 친구의 드레스 숍에서 클레임이 들어왔는데 참 억울한 일이었어요. 친구의 잘못이 아닌데. 그래서 친구가 울면서 제게 하소연을 했고 저도 흥분해서 이런저런 말을 해주었던 게 기억나요. 그리고 무엇보다도 선배가 그동안 해주었던 시간의 마법에 대한 이야기들이 기억나요. 이 메모장에 다 적혀 있죠. 오늘 아침에도 봤거든요."

유진은 메모 노트를 들어 보이며 웃었다. J는 예상했다는 듯이 고개를 끄덕이며 미소로 답했다.

"역시 유진은 나의 '기억의 마법'의 대부분을 이미 알고 있었구나."

"예? 정말요? 만약 그렇다면 그동안 살아온 세월이 너무 억울한데요!"

유진은 엄살을 떨면서도 정말로 자신이 해답을 알고 있는지 의심스러웠다. 그걸 알고 있었다면 대학도 좀더 좋은 곳으로 갈 수 있었을 테고, 또 대학에서도 열심히 공부해서 훌륭한 직장을 얻을 수 있었을 텐데. 도무지 자신이 이미 그 해답을 알고 있다는 사실이 믿기지 않았다.

"일단 네가 기억해낸 것들을 해석해줄게. 잘 들어 봐. 첫 번째, 넌 평소 연예사에 관심이 많아. 게다가 좋아하던 연예인에 대한 흥미로운 기사를 읽었고 그 내용이 1주일이 지난 지금도 기억나는 거야. 두 번째, 넌 네 업무와 관련한 고객의 클레임 내용에 흥분했고 화가 났으며 또 해주고 싶은 말이 있었어. 그래서 네 생각을 친구와 공유했고 그걸 기억하고 있는 거야. 물론 친구의 억울한 사정이 안타깝기도 했고. 세 번째, 넌 네가 관심 있는 내용을 메모장에 적어놓고 매일 아침마다 들여다봤어. 그렇게 하면서 잊지 않고 기억하고 있는 거야."

"신기하네요. 세 가지로 정리해주시니 뭔가 원리가 보이는 듯도 한데요?"

두 사람은 J의 분석이 꽤나 흥미로웠다.

"자, 이제 본격적으로 내가 찾아낸 기억의 마법, 즉 기억의 원리에 대해서 이야기해줄게. 오래 기억에 남은 것을 나는 기억 속에 각인되었다고 표현해. 바로 기억의 마법을 위한 핵심 개념이지. 무슨 말이냐면 그건 단순히 시간의 강에서 꺼낸 것뿐만이 아니라 아예 새겨 넣었다는 뜻이야. 사람은 특별히 기억하려고 노력하지 않으면 아까 말한 대로 대부분 바로 잊어버리거든. 하지만 본인이 관심 있고 또 흥미로운 일은 꽤 오래 기억하는 편이지.

유진이 말한 것처럼 유명한 가수의 숨겨진 이야기를 들었는데, 그게 정말 충격적이었다고 해보자. 아마도 친구들에게 거의 토씨 하나 안 빠뜨리고 그 뉴스를 전달할 수도 있을 거야. 그것도 본인의 의견까지 보태서 말이지. 그런 게 바로 기억 속에 각인되었기 때문이라는 거야. 이것이 바로 첫 번째 기억의 원리인 '관심의 각인'이지. '흥미의 각인'이라고도 하고. 만약 이걸 기억하는 방법에 이용하려면 어떻게 하면 되겠니?"

유진은 잠시 생각하다 우물거리며 대답했다.

"선배 말에 따르면 관심 있고 좋아하는 건 잘 기억된다는 거잖아요. 그럼 결국은 흥미를 느껴야 하는 건데, 그것도 매우 진지하게 말이죠. 제가 연예학 전공이라면 모를까, 영어나 수학으로는 쉽지 않을 거 같아요."

"그래, 유진의 지적이 맞아. 만약에 정말로 좋아하고 관심이 있고 또 재미있어 하는 거라면 다른 것보다 잘 기억할수 있어. 하지만 유진의 이야기대로 본인이 싫어하는 걸 좋아하게 만들기란 쉽지 않아. 그렇기 때문에 내가 기억을 잘하고 또 성공하려면 아예 평소에 좋아하고 관심 있는 걸 인생의 목표로 삼는 게 좋다는 결론이 나오지. 가장 관심 있는걸 하다보면 자신도 모르는 능력까지 발휘할 수 있거든.

사람들이, 특히 학부모들이 많이 간과하고 있는 부분도바로 이거야. 자신의 능력이나 자식의 능력이 가장 잘 발휘되려면 자연스럽게 관심과 흥미가 가는 쪽을 선택해야 하는거야. 이건 단순히 시키면 하겠지, 또는 열심히 하면 되겠지하는 것과는 차원이 달라."

"신기하네요. 저도 비슷한 생각을 하긴 했었는데, 선배말을 들으니 관심이나 재미 이런 것들이 매우 중요한 포인트인 거 같아요. 사실 저도 영어나 수학은 싫었지만, 의상 실습이나 디자인은 무척 재미있었거든요. 밤을 새워서 그리기도하고, 또 상도 받고. 그리고 보면 부모님께서 원하시던 법학을 전공하지 않고 의류학을 공부한 건 제 성향을 볼 때 일단

괜찮은 선택인 것 같아요. 물론 부모님 바람대로 법학에 관심
이 많았다면 지금쯤 사법고시에 붙었을지도 모르겠지만요."

J는 다소 의외라는 눈치였다.

"아, 법학을 전공할 생각도 있었구나? 사실 흥미를 느끼
는 걸 우선적으로 잘할 수는 있지만 그렇다고 흥미가 없다고
해서 무조건 못하는 건 아니야. 다만 일의 능률이나 기억 과
정의 효율을 볼 때 관심 분야를 선택하는 쪽이 낫다는 것뿐
이지."

서연이 웃으며 입을 열었다.

"선배님의 말씀은 유진이 법학을 해도 좋았을 비결이 있는 것처럼 들리네요."

서연의 지적에 J도 고개를 끄덕였다.

"물론이지. 어떤 과목이라도 재미있게 공부하는 방법은 있거든. 아까 말했듯이 물론 개인차가 있겠지만."

"어떤 방법이요?"

유진과 서연이 합창하듯 물었다.

"그건 재미있는 이야기 형태로 만들면 어떤 거라도 흥미가 생기게 된다는 거지. 국사나 세계사 수업은 지겨워도 역사 드라마나 영화는 정말 재미있어 하는 것과 비슷한 원리라고 할 수 있지."

"이야기요? 구체적으로 어떻게 이야기를 만들죠?"

유진은 백마 탄 기사가 괴물을 물리치고 공주를 구하는 동화 같은 이야기를 떠올렸다.

"이야기로 바꾼다는 건 말 그대로 책에 있는 단편적인 내용을 어떤 상황으로 만들어서 우리의 감정을 자극하도록 하는 거야. 예를 들면 영어 단어를 외울 때도 그냥 무조건 달

달 외우기보다는 그 단어를 이용한 어떤 이야기를 만들어서 외우면 훨씬 더 잘 외워지지. 그래서 팝송이나 드라마 대사를 이용해서 공부하는 사람들도 있는 거고. 그리고 아까 예로 들었듯이 세계사를 공부하더라도 개별 사실들을 암호 외우듯이 하지 말고 마치 우리가 드라마를 보듯이 그 시절의 이야기 줄거리를 만들어서 해보는 거야. 필요하다면 자신이 어떤 스토리를 넣어서 그 사실들을 연결해보는 것도 좋아.

유진이가 공부하고 싶었다던 법학도 마찬가지야. 단순히 법 조항을 기계적으로 외우기보다는 판례를 보면서 그 상황을 머릿속에 떠올리면 각 조문이 어떤 원리로 적용되는지 수수께끼를 풀어나가듯이 쉽게 이해할 수 있게 되지. 이렇게 흥미로운 이야기를 만들어서 기억하면 다른 것보다 쉽게, 더 오래 각인되는 거야. 이런 걸 바로 스토리텔링Story-Telling 기억법이라고도 해."

"아하! 어떤 것이든 이야기로 만들면 좀더 쉽고 재미있게 기억할 수 있다는 거군요. 그럴 듯한데요?"

유진과 서연은 '이야기'라는 키워드를 메모장에 꾹꾹 눌러 적었다. J는 뭔가가 또 생각난 듯한 표정을 지었다.

"예전에 이런 게임 많이 하지 않았니? 수십 개의 단어를 나열해놓고 순서 외우기 같은 거 말이야."

"맞아요! 전 기억력이 안 좋아서 잘하지 못했는데, 간혹 엄청나게 잘 외우는 친구들을 보면 완전 부러웠죠."

유진이 머리를 긁적였다.

"예를 들어 개구리-장갑-토끼-여우-늑대-곰 이런 순서로 제시된 단어가 있다고 해보자. 이때 그냥 외우려 하지 말고 '개구리가 장갑 집에 들어갔는데 토끼가 들어왔고, 여우와 늑대도 겨우겨우 들어갔는데 곰이 들어오려고 해서 모두 놀랐어' 뭐 이런 식으로 이야기를 만들면 동물들이 장갑 속에 들어가려고 아옹다옹 하는 모습이 머릿속에 연상되면서 그 순서도 잘 외워지는 거지."

"하지만 장갑 속에 어떻게 토끼도 들어가고 곰도 들어가요? 이야기가 너무 억지잖아요."

유진은 이해할 수 없다는 표정을 지었다. J는 껄껄 웃으며 대답했다.

"하지만 이 이야기는 실제 어린이 동화책에 있는 내용이야. 어린 시절의 순수했던 모습으로 돌아가는 거야. 아이들처럼 무한한 상상력을 발휘해보는 거지. 불가능할 게 없어. 그리고 이야기도 풍성해지고."

"그래요? 에구, 저도 이제 머리가 굳었나 봐요. 너무 이성적으로 변해버린 건가? 곰도 들어가는 큰 장갑이 왜 상상이 안 되는지."

유진은 본인이 어린아이 같은 순수함을 잃었다는 사실이 안타까운지 머리를 긁적이며 한쪽 입 끝을 실룩였다. 서연이 바로 말을 이었다.

"선배님이 이야기하신 것처럼 단어나 숫자들을 죽 나열해놓고 빠짐없이 외우는 사람들요, TV에서 본 것 같아요. 그때도 무슨 기억법이라고 하면서 원리를 설명해주었던 것 같은데, 연상 기억법이었나? 아무튼 그런 내용이었던 것 같아요. 이야기의 사슬을 만든다면서."

J는 서연의 지적에 동의했다.

"맞아, 맞아. 사실 이런 종류의 기억을 잘하는 사람들은 아주 이야기를 잘 만드는 사람인 경우가 많아. 이야기를 재밌게 만들 수 있다면 어떤 것이든 외워낼 수 있지. 화학 시간에 나오는 그 복잡한 주기율표도 예외는 아니야. 전에 보니 주기율표를 외우는 노래도 애니메이션으로 나와 있더구나. 이런 건 학생들을 위해 정말 좋은 시도라고 생각해. 학생들이 스스로 이야기를 만들어야 하는 노력을 덜어주는 거니까."

"아, 그래요? 고등학교 때 그거 외우느라고 정말 애 먹었었는데. 우리 때도 그런 노래가 있었으면 쉽게 기억할 수 있었을 텐데."

서연도 꽤나 안타까워했다. J는 미소를 지으며 고개를 끄덕였다.

"이처럼 어떤 걸 오래 기억하고 싶다면 관심을 두거나 아니면 이야기를 통해서 재미있게 만들면 되는 거야. 우리가 원하는 건 단순히 내일 시험을 잘 보는 게 아니라 정말로 오래오래 기억해서 언제나 실생활에 활용할 수 있도록 하는 거니까."

"네, 저도 그렇게 생각해요. 시험을 위한 공부가 아닌 진짜 내 인생을 위한 공부. 그러려면 정말 관심과 흥미와 재미가 필수일 것 같아요."

서연도 유진의 말에 공감하듯 고개를 끄덕였다. J는 '기억의 원리'에 대한 설명을 계속했다.

"자, 그럼 두 번째 기억의 원리에 대해 설명할게. 아까 유진이 친구와 고객 클레임에 대해 이야기했던 일이 기억난다고 했었지? 그게 바로 두 번째 기억의 원리인 '스트레스의 각인'이야. 이건 과학적으로 연구한 결과도 있는데, 제임스 맥거프James McGaugh 박사의 기억에 대한 연구에서도 소개된 적이 있어. 맥거프 박사는 우리 뇌의 '편도체Amygdala'가 기억을 각인시키는 신호를 발생시키며 이를 자극하는 것은 스트레스와 관련 있다고 했지. 그의 연구결과에 따르면 우리가 긴장하거나 흥분할 때, 또는 당황했을 때 발생하는 스트레스가 기억에 오래 남게 하는 데 크게 이바지한다는 거지. 우리의 경험에 따르면 좋았던 일보다는 안 좋았던 일들이 더 기억에 남는 것과 일맥상통해."

"저도 그런 경험들이 많아요. 언젠가 친구가 나보고 얼굴이 많이 상해 보인다고 한 적이 있는데 그 후로 그 친구를 보면 항상 얼굴부터 살피게 되더라구요."

유진은 예전 생각이 나는 듯 손으로 얼굴을 톡톡 두드리는 시늉을 했다.

"그래. 기분 나빴던 일이나 당황스러웠던 상황은 큰 스트레스를 유발하고 우리 기억 속에 뚜렷하게 자리 잡지. 하지만 기억력을 향상시키기 위해서는 이런 스트레스를 이용할 수도 있어. 선배 중에 어떤 분은 인터뷰나 원고 작성 요청을 마다하지 않고 다 응해주신다고 하더라구. 기존 업무와 함께 그런 일들을 병행하려면 스트레스가 엄청날 텐데, 오히려 그걸 이용하시는 것 같았어. 그런 자극이 있어야 더 집중할 수 있고, 또 더 많이 노력해서 남들보다 뒤떨어지지 않는다고 하시면서 말이야."

서연은 놀랍다는 듯이 입을 벌렸다.

"대단한 분이시네요. 저라면 이런저런 핑계로 도망 다니기 바쁠 텐데. 정말 빠져나갈 수 없이 긴장하고 집중해야 하는 상황을 만들어놓는 거군요. 방송이나 원고 같은 건 펑크 내면 정말 큰일이잖아요."

J는 스트레스의 각인에 대해 이야기를 계속했다.

"그렇지. 그분은 보통사람들과 달리 아주 스트레스를 즐기는 분이야. 어쨌든 우리 역시 좀더 집중하고 기억 효과를 얻기 위해서는 스트레스가 필요한데, 내가 즐겨 쓰는 방법은 바로 '남들에게 설명해주기'야. 남에게 설명을 하려면 일단 매우 긴장하고 집중하게 되지. 설명하는 과정도 그렇고. 이런 긴장 상황이 뇌에 스트레스를 유발해서 설명하고 있는 정보들이 기억 속에 각인된다는 원리야. 이건 단순히 '외워서 어떤 내용을 발표하는 것'과는 전혀 차원이 다른 스트레스를 유발해.

다시 말해서 어떤 사실을 달달 외워서 되풀이하는 개념이 아니고, 물론 잘 외워지지도 않겠지만, 머리로 생각의 체계를 잡아가며 논리적으로 남에게 설명해야 하는 일이거든. 해보면 알겠지만, 상대가 여러 명일수록 식은땀이 나고 상당한 스트레스가 유발돼. 하지만 설명을 끝내고 상대도 수긍을 하고 나면 거기서 생기는 카타르시스 또한 엄청나지. 이걸 '세미나식 기억법'이라고 부르기도 해. 네가 고객 클레임 건으로 친구와 함께 흥분해서 이야기를 나누고 조언한 것도 이런 '스트레스의 각인'의 좋은 예라고 할 수 있어."

"어쩐지, 선배 말을 듣고 나니 예전 학창 시절 생각이 나네요. 친구들이 무슨 문제를 물어보면 잘 모르는 것도 어떻게든 답을 알려주려고 애쓰곤 했거든요. 제가 좀 자존심이 강해서 참고서도 보고 선생님께 물어도 보고 해서 열심히 설명해주곤 했죠. 무척 신경 쓰이는 일이었어요. 확실히 그렇게 고민해서 설명한 문제들은 오랫동안 기억했던 것 같아요. 심지어 고3 때 친구에게 풀어주었던 방정식 문제 중에 지금도 기억하고 있는 게 있어요."

유진이 감탄하듯 대답했다.

"바로 그거야. 유진이도 느꼈겠지만, 그건 단순히 외우는 것과는 차원이 다른 거지."

유진은 J의 말에 공감하면서도 풀리지 않는 궁금증이 있었다.

"그런데 어떻게 모든 것에 집중하고 또 설명을 할 수 있죠? 설명해줄 대상도 없잖아요? 그리고 시간도 너무 오래 걸리구요."

유진의 질문에 J가 고개를 끄덕였다.

"시간이 많이 걸리는 부분에 대해서는 나도 공감해. 일단 타인 앞에서 설명이나 세미나를 하는 부분은 이야기가 길어지니까 좀 있다 다시 설명하기로 하자. 마지막 기억의 원리를 먼저 설명해줄게. 세 번째 기억의 원리는 '반복의 각인'이야. 어떤 방법을 쓰던 우리가 기억하려고 노력해서 담아낸 것들은 망각의 마법에 따라 예외 없이 달리의 그림처럼 시간이 지나면 기억 저편에서 녹아내리는데, 이를 다시 살려내기 위해서는 기억이 녹아내리는 시점을 잘 파악하는 게 중요해. 이것을 x축의 시간, y축의 잔존 기억으로 2차원 함수로 표현한 게 '망각 그래프Forgetting Graph' 또는 '망각 곡선Forgetting Curve'이야."

"역시 선배는 천상 과학자군요. 함수 소리를 들으니 다시 머리가 복잡해져요."

유진이 손사래를 치며 고개를 흔들었다.

"사람들이 함수라는 말을 너무 어려워하는데, 따지고 보면 이 세상의 많은 현상을 설명하는 아주 멋진 개념이지. 즉 입력 A를 넣으면 그 결과로 B가 나오는 그런 마술 상자라고나 할까? 단지 이 마술 상자가 진정한 함수가 되기 위해서는 A를 넣었으면 항상 B가 나와야지 C나 D가 나오면 안 된다는 거지. 그건 마술 상자가 아니라 그냥 상자야. 로또 상자."

"하하! 재미있는 비유네요. 함수라는 게 그런 개념으로 설명되는군요."

유진의 표정이 다시 밝아졌다.

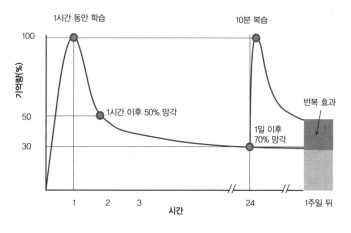

1시간 동안 학습

10분 복습

100

기억량(%)

50

1시간 이후 50% 망각

반복 효과

30

1일 이후
70% 망각

1   2   3   시간   24   1주일 뒤

에빙하우스의 망각 곡선 및 반복 효과

"망각 곡선의 개념은 에빙하우스Ebbinghaus라는 독일의 철학자가 처음 개념을 제안했어. 그의 연구에 의하면 평균적으로 볼 때 공부한 내용은 한 시간이 지나면 50퍼센트를 잊어버리고, 하루가 지나면 70퍼센트, 한 달 뒤에는 80퍼센트를 잊는다는 내용이야."

"저런, 그럼 아무리 공부해도 한 달 후에는 거의 남아 있는 게 없는 거잖아요."

유진과 서연이 실망한 듯이 동시에 투덜거렸다.

"그런데 재미있는 사실 하나를 부잔Buzan이라는 학자가 또 제시했지. 처음 한 시간 동안 공부한 양이 100이라면, 70퍼센트를 까먹은 다음 날 다시 100을 채우는 데 드는 노력이 단지 몇 분이면 충분하다는 거야."

"네? 정말 획기적인데요? 그럼 매일 몇 분만 계속해서 복습하면 되는 건가요?"

유진은 놀라지 않을 수 없었다. 사실 몇 분의 시간이라면 충분히 투자할 만하지 않은가.

"그런데 이건 학자들의 이야기고, 대부분의 이런 실험들이 본인과 주변 사람들을 대상으로 이루어지므로 일반 사람에게 적용하기엔 편차가 매우 커. 어쨌든 핵심은 망각 곡선은 누구에게나 적용될 수 있고 그것을 극복하는 방법은 바로 짧은 시간의 복습 또는 반복이라는 거야. 내가 복습 대신에 반복이라고 쓰는 이유는 복습은 왠지 학습에 치중한 말인 것 같아서야. 우리는 모든 것을 공부하는 게 아니라 단지 오래 기억하고 싶은 거니까."

"그러네요. 모든 것을 공부와 연결하는 것도 무리가 있긴 해요."

유진과 서연이 고개를 끄덕였다.

"이 망각 곡선에 대한 이론은 이미 오래전에 이렇게 연구해놓은 결과가 있었지. 진심으로 공감하는 바야. 이젠 이 망각 곡선과 반복의 각인을 본격적으로 이용하는 방법을 제안해 볼게. 사실 한 시간 걸려 읽은 내용을 몇 분 만에 다시 본다는 것 자체가 무리수이긴 해. 다 읽을 시간도 없을 거야. 그래서 정말로 몇 분 안에 복습할 수 있도록 하는 방법을 고안했지."

"어떻게 하는 거예요? 저처럼 이렇게 메모를 하면 되는 건가요?"

"빙고! 바로 그거야. 공부한 내용이나 네가 들은 내용 중에서 기억하고 싶은 것들만 따로 정리하는 거지. 그래서 그것만 반복해주면 되는 거야. 그 내용들을 기억하는 데는 몇 분이면 충분해. 게다가 그렇게 반복할 때마다 머릿속에서는 처음 반복했을 때보다 더 오래 기억에 남지. 그래서 몇 번의 반복만으로 적어도 1년 이상 기억 속에 담아낼 수 있게 되는 거야."

"와, 정말 신기하네요? 그럼 선배는 몇 번이나 반복을 하셨나요?"

"나는 10의 법칙을 여기에도 적용했어. 왜냐하면 공부할 게 많으면 메모장을 만들기도 어렵잖아. 그래서 예전에 공부할 때 다음날 10분을 들여 복습했고, 약 10일 이내에 다시 한 번 복습했지. 그리고 마지막으로 100일 정도 후에 다시 한 번 복습하고. 10일을 맞추기 어려우면 그와 유사하게 1주일, 세 달 이렇게 해도 상관은 없어. 중요한 건 그 기준을 넘어가지 않게 하는 거야. 또한 두 번째와 세 번째 복습할 때는 범위가 커지기 때문에 일단 시간을 충분히 할애해야 해. 왜냐하면 새로 공부하는 것보다 이 복습 과정이 더 중요하거든. 아까 말했던 우리 반 부반장의 또 다른 문제점은 바로 너무 많은 문제집과 참고서로 공부한다는 거였어. 그렇게 계속해서 새로운 공부 교재가 등장하면 제대로 복습하기가 어려워지거든."

"그렇겠어요. 매번 새로운 참고서를 풀려면 정말 많은 노력을 했을 텐데요."

"물론 새로운 문제 유형을 많이 접해보는 것도 중요해. 문제집을 많이 푸는 것 자체가 나쁜 건 아닌데, 좀 전에 말한 반복의 각인을 하기가 곤란하다는 거야. 너무 양이 많거든. 그래서 많이 쓰는 방법이 오답 노트라는 거지."

"공부의 신들이 많이 쓴다는 그 오답 노트! 어떤 사람은 틀린 문제들을 오려서 모았다고도 하더라구요. 저 같으면 틀린 문제가 너무 많아서 문제집을 통째로 오려야 했을 거예요."

유진이 가위로 자르는 시늉을 하며 우스갯소리를 했다.

"그래. 나도 문제집 자르기는 쉽지 않을 거라고 생각해. 다만 내가 학생들을 가르칠 때 항상 강조하는 건 문제를 풀 때 항상 출제자가 무슨 의도로 이 문제를 냈을지 분석해보라는 거야."

"학생이 무슨 수로 선생님이 낸 문제를 분석할 수 있는 거죠?"

유진이 머리를 긁적였다.

"중요한 시험일수록 출제위원들은 문제 하나하나에 매우 고민하지. 즉, 그들이 시간을 들인 노력의 산물이야. 단순해 보이는 문제 하나지만 그 문제를 통해 어떤 개념을 시험해보겠다는 철학이 담기는 거지. 나도 시험문제 출제위원으로 몇 주간 갇혀 있곤 했는데, 정말로 엄청난 고민 속에서 문제를 만들게 돼. 또 문제를 만들었다고 해서 끝이 아니야. 왜 이 문제를 냈는지, 각 보기는 무엇을 위해 또 어떤 개념을 시험하기 위한 것인지를 설명한 뒤 다른 출제위원들에게도 인정을 받아야만 비로소 출제 가능한 문제가 되는 거야."

"아! 문제를 만드시는 분들이 그런 수고를 하는지 미처 몰랐어요. 문제를 만드는 것도 정말 고역이군요. 문제 하나하나에 많은 의미가 담겨 있겠어요."

"그래서 출제위원의 시각으로 왜 이 문제를 냈는지를 살펴보면 오히려 그 문제의 철학을 이해하기가 쉬워. 강의도 마찬가지야. 물론 강의 준비를 해야 하는 건 당연한 거고, 일단 어떻게 강의를 할지 고민하게 돼. 만약 시간이 없어서 고민하지 못했다면 교수님의 강의하는 방법이 얼마나 효과적으로 나를 이해시키는지 강의법 측면에서 살펴보는 방법이 있어."

"강의는 또 다른 문제 아닌가요? 이해도 못하는데 감히 교수님의 강의를 분석할 수 있을까 싶네요."

"문제를 푸는 것과 다를 거 없어. 강의를 이해하는 것 자체는 또 다른 문제야. 다만 강의 방법, 강의의 흐름, 또 사례로 드는 내용들, 교과서의 해당 부분을 어떻게 재해석하는지 등등, 중요한 것은 내가 강의를 한다면 어떻게 다를 수 있는지를 고려하면서 들어보면 그냥 단순히 주는 지식을 담는 것과 천지 차이가 있다는 걸 알게 될 거야."

"선배는 그럼 오답 노트는 안 쓰시나요?"

"오답 노트도 쓰지. 그런데 약간 다른 건 난 오답 노트라고 따로 만들지는 않아. 내가 중점적으로 보는 참고서나 교과서에 해당 부분을 옮겨놓는 거지. 바로 그 문제의 지문이나 보기의 핵심 내용을 옮겨 쓰거나 포스트잇 같은 데 적어놓는 거야. 내 반복의 각인은 바로 그렇게 중점 참고서 위주로 진행이 돼. 그 안에 다 있으니까."

"아, 선배의 학습 방법은 정말 일목요연하네요. 그렇게 중점 참고서만 계속해서 공부하면 어쨌든 점점 실력이 느는 건 확실하군요."

유진이 고개를 끄덕였다.

"그래. 적어도 우리 반 부반장처럼 새 문제집만 풀다가 내가 무엇을 아는지 모르는지조차 모르는 상황이 되어서는 안 되는 거지."

"어쨌든 선배가 어떻게 공부했는지 이해할 수 있을 것 같아요. 역시 성적이 좋은 사람은 공부하는 방식도 다르군요."

"학교 다닐 당시 학부 동기들을 보면 정말 천재적인 아이들을 빼놓고는 대부분 이런 방식으로 공부했던 것 같아. 그러니까 한번 믿고 시도해 봐."

"네, 그럴게요. 참, 아까 세미나를 통해 설명을 하면서 기억하는 건 어떻게 하는 건지 다시 알려준다고 하셨죠?"

서연이 세미나를 통한 기억법에 관심이 컸는지 채근하듯 물었다.

설명을 통한 기억 방법

"아, 그렇지. 설명을 통해 외우는 '스트레스의 각인'은 말 그대로 기억에 각인시키기 위해 설명을 통해서 좀더 집중하고 긴장함으로써 스트레스를 받게 하는 거야."

"설명을 통한 스트레스요?"

"사람은 남의 눈을 의식하는 성향을 가지고 있지. 자기에 대한 남의 평가나 남이 자신을 어떻게 보는지를 늘 생각하거든. 갑자기 선생님으로부터 호명을 당해 대답을 해야 할 때면 그 긴장감과 스트레스가 장난이 아니지. 아마 그 순간에 했던 대답은 절대 잊히지 않을 거야. 반대로 내가 누군가에게 무엇을 설명해야 한다면 그것 또한 매우 긴장되는 일이긴 마찬가지야. 뿐만 아니라 중간고사나 기말고사를 풀면서 특별히 고민했던 문제들 역시 기억이 잘나. 바로 긴장해서 집중했기 때문이지. 어떻게 하면 평소에도 이렇게 정신을 바짝 차리고 집중할 수 있을까에 대해서 고민했어. 거기서 얻은 해답 중 하나가 '내가 기억하고 싶은 것을 남에게 세미나를 하듯이 가르치는 방법'이야. 친구에게 해준 이야기가 기억에 오래 남는다는 걸 원리로 한 방법이지. 내가 과외할 때 많이 썼던 방법이기도 해."

"그렇게 설명해줄 친구가 없을 때는 어떻게 해요? 설령 친구가 있더라도 관심이 없을 수도 있잖아요."

유진은 주변을 둘러보다가 서연과 눈이 마주치자 서로를 바라보며 웃었다.

"제일 좋은 방법은 마음에 맞는 친구와 같이 세미나식 스터디를 하는 거야. 공부를 하면서 서로가 서로에게 가르치는 거지. 가르친다는 말이 좀 어색할 수 있어서 세미나를 한다고 하는 거야. 물론 유진의 말대로 그런 친구를 찾기 어려울 수도 있는데, 그런 경우는 자신을 가르치면 돼. 그냥 하는 것보다 서서 거울을 보면서 가르치면 제법 긴장이 되거든. 시간 날 때 한번 시도해 봐. 이것도 내가 잘 쓰던 방법이니까."

"재미있는 방법이네요. 거울을 보면서 자기 자신에게 가르친다니."

"사실 핵심은, 배우고 이해한 후에 친구든 자신이든 누군가에게 가르쳐보는 거야. 설명을 하면서 자신의 생각에 집중하고 생각을 정리하게 되는 거지. 목적은 오래 기억하고 싶어서잖아. 머릿속에 혼란스럽게 엉켜 있던 생각들이 상대의 반응을 보면서 말을 하다보면 체계가 잡히게 돼. 실제로 해보면 그렇게 머릿속이 정리되는 게 확연하게 느껴질 거야.

이 방법은 좋은 점이 하나 더 있어. 바로 친구의 피드백이야. 친구가 나의 설명을 이해하지 못하고 물어보는 순간이 있는데, 이건 나 역시 그 부분에 대해서 제대로 이해하지 못하고 있다는 증거이기도 해. 심지어 내가 당연히 알고 있다고 생각했던 것들도 그럴 수 있거든. 이렇게 친구에게 설명을 하고 또 피드백을 받는 과정을 반복하면 생각의 정리뿐 아니라 학습의 문제점도 함께 찾아낼 수 있지. 제일 잘 아는 사람이 강의도 제일 쉽게 한다는 말이 있잖아. 잘 이해가 안 되었거나 이제 막 공부를 시작한 경우에는 설명하는 것 자체가 쉽지 않지. 하지만 계속해서 제대로 설명하기 위해 더 많이 공부하고 집중하는 과정을 거치면 머릿속에서 점점 생각이 정리되는 사이 기억 속에 조금씩 각인되는 거야."

"그렇겠어요. 전에 이야기해주셨던 시간의 그림으로 보자면 아주 뚜렷한 시계가 기억 속에 남겠는걸요? 아주 멀리 있어도 똑똑히 잘 보일 것 같아요."

유진은 축 늘어져 있는 시계를 하나 붙잡아 다시 반듯하고 동그랗게 만드는 상상을 했다.

"그래. 세미나를 잘 활용하면 기억하는 데는 정말 효과적이지. 본인이 노력해서 공부한 부분을 여러 사람에게 설명하고 같이 토론하는 방식인데, 세미나를 하고 나면 그 세미나의 내용이 아주 오래 기억에 남거든. 자, 이제 내가 해주고 싶은 이야기는 대충 정리가 된 것 같다. 우와, 벌써 10시가 넘었구나. 오늘은 내가 좀 너무 길게 이야기한 모양이다."

유진이 메모를 계속하며 고개를 흔들었다.

"아니에요! 오늘 정말 중요한 이야기들을 많이 들었어요. 이렇게 소중한 기억의 마법들을 좀더 어렸을 때 들었었더라면 제 인생이 정말 많이 달라졌을 것 같다는 생각이 들어요. 서연이 너는 어떻게 생각해?"

"물론, 나도 그렇지. 선배님이 알려주신 기억의 마법들이 앞으로 살아가는 데 정말 큰 도움이 될 것 같아요. 이젠 어떤 시험도 두렵지 않아요."

서연의 얼굴에도 뿌듯한 미소가 흘렀다. J는 두 사람의 표정을 바라보며 흐뭇한 미소를 지었다.

"미래를 생각하는 모습들이 참 보기 좋다. 지금부터라도 시간의 마법을 믿고 노력하면 곧 현실이 될 미래에는 상당히 많은 게 달라져 있을 거야. 누군가로부터 들은 이야기라도 그걸 나의 생활에 활용하고 도움을 얻을 수 있다면 인생의 귀중한 깨달음이 되는 거니까. 특히 선배들의 이야기를 귀담아들으면 그들의 소중한 경험을 통해 시행착오를 줄일 수 있고 또 생활의 지혜도 얻을 수 있지. 오늘 내가 너희들에게 해준 이야기가 바로 그런 걸 거야. 나만의 소중한 노하우를 알려준 이유는 이제 새로운 인생을 시작하는 너희들의 인생에 큰 도움이 될 거라고 확신하기 때문이야. 어쨌든 두 사람 다 잘 들었다니 나도 정말 고맙다."

유진은 필기를 마무리하며 밝은 표정으로 J를 향해 말했다.

"저희가 고맙죠. 기억을 오래 간직하기 위한 세 가지 기억의 마법! 절대 잊지 않을게요. 첫째, 관심의 각인. 관심을 두고 또 흥미를 느껴라. 이야기를 만드는 것도 좋은 방법이다. 둘째, 스트레스의 각인. 설명의 각인이라고도 하셨죠. 설명 또는 세미나를 하면서 긴장을 유발하라. 셋째, 반복의 각인. 망각 곡선을 염두에 두고 주기적으로 반복하라. 중요한 거나 꼭 기억하고 싶은 게 있다면 시간의 강에 기억을 빠뜨리지 않고 각인시킬 수 있는 이 세 가지 마법을 잘 기억해 두었다가 활용하도록 할게요."

"그래, 그래! 부디 도움이 되길 바란다. 참, 내일모레 시험이지! 공부해야 하는데 오늘 내가 너무 길게 이야기를 한 것 같다!"

J가 아차 싶은 듯 물었다.

"아, 저작권법 시험이요? 어차피 저희에겐 교재가 없어서 혼자서는 공부 못해요. 선배의 조언 정말 고마워요. 선배가 알려준 방법들을 통해서 '망각의 마법'의 희생자가 되지 않도록 노력할게요."

유진의 대답에 서연도 거들었다.

"지금부터 저희끼리 세미나를 해야겠어요. 서로에게 설명하며 가르치는 세미나. 예를 들어 저는 법에 대해 조금 더 잘 아니까 법률 조항 쪽을 맡고, 유진이는 이야기를 잘 만드는 편이니까 저작권법 위반 케이스 연구 쪽으로 하면 좋을 것 같아요. 복잡한 내용은 상황을 설정해서 이야기로도 만들어 보고요. 아예 드라마처럼 연기도 해볼까 생각 중이에요. 그리고 메모를 충분히 활용해서 시험 날 복습도 할 거고요!"

서연은 메모장과 손을 동시에 흔들어 보였다. J는 두 사람의 희망찬 모습에 가슴이 벅차오르기까지 했다.

"말만 들어도 시험 걱정은 없어 보인다. 그게 바로 회사에서 바라는 모습일 거야. 단편적인 지식이 많은 사람이 아닌 이론을 충분히 이해하고, 고민하고, 실제 업무에 활용할 수 있는 사람! 같이 공부하고 또 서로가 서로에게 가르쳐보면 꽤 효과적일 거야. 시간이 충분하지 않다면 서연이 말한 대로 파트를 나누어서 할 수도 있고. 이런 경우, 발표를 듣는 방법도 중요해. 동료가 발표하는 부분을 만약 내가 발표한다면 어떻게 할지를 염두에 두고 들어 봐. 그러니까 강의를 평가하는 학생의 모습처럼."

"네, 잘 알았습니다. 서로 상대방이 맡은 부분에 대해 어떻게 설명하는지 비판적인 시각으로 잘 들어볼게요. 나라면 이렇게 설명할 텐데, 이렇게 말이죠?"

"맞아. 왠지 친구 강의의 잘못된 부분을 찾아내 평가하는 것 같지만, 사실 그런 시각도 필요해. 또 친구의 강의 방법에 대해 평가할 수 있다면 내가 직접 강의하는 것 못지않게 기억 속에 각인된다는 것을 알게 될 거야."

"오늘 밤부터 당장 해볼게요. 내일모레 시험도 이젠 두렵지 않아요. 이렇게 옆에 좋은 강사가 있다고 생각하니 큰 힘이 되는걸요. 오늘도 오랜 시간 정말 감사합니다. 10분으로 정해놓은 만남이 매번 30분, 한 시간으로 늘어나네요!"

"사실 그게 10분의 마법의 핵심이기도 해. 매일 최소 10분이라도 한다는 바로 그 점이 중요하고, 일단 하게 되면 더 열심히 하고 싶은 마음과 기회가 생기게 되지. 오늘 오랜 시간 내 이야기 듣느라 고생 많았다. 두 사람 모두 행운을 빈다!"

"고마워요, 선배!"

"고맙습니다, 선배님!"

세 사람은 인사를 나누며 자리에서 일어섰다.

J를 만나기 전까지 시험 걱정에 바위덩이를 매단 것처럼 무거웠던 마음과는 달리, 기억의 원리에 의한 기억의 마법에 대해 확신을 얻은 유진과 서연은 활기찬 걸음으로 숙소로 돌아왔다.

"오늘 정말 대단한 걸 배운 것 같지 않니?"

서연이 가슴에 손을 얹으며 들뜬 목소리로 물었다.

"말도 마. 내가 요즘 매일 이런 감동에 빠져 산다니까. 정말 그 선배 대단하지? 우리 같으면 그냥 현실에 안주하며 살 텐데. 궁금한 건 아예 그 원리와 근거를 찾아내려고 정말 열심히 노력하시는 거 같아."

"맞아. 나도 그런 걸 느꼈어. 시간의 마법이며, 오늘 들려주신 기억의 마법! 우리가 배울 점이 참 많은 분이야."

유진은 갑자기 잊은 게 생각난 듯 탁 하고 무릎을 쳤다.

"아차차, 선배한테 물어본다는 걸 깜빡했네. 우리 최종 시험 마지막 문제 있잖아."

"아, 그거! S상사의 최고의 가치! 그러게. 선배님께 여쭈어보면 좀더 큰 관점에서 조언을 들을 수 있었을 텐데."

"그렇잖아도 아까 낮에 휴게실에서 S상사 홈페이지를 검색해봤는데 특별한 내용은 없더라구. 다만 창업주에 대한 이야기가 좀 인상적이긴 했어."

"뭔데? 창업 일화 같은 거야?"

"아니, 그런 건 아니고, 창업주는 이 회사는 직원이 주인이어야 한다고 생각한대. 그래서 무조건 신입사원들에게 이 회사의 주식을 나누어준다는 거야. 입사증과 함께 20주씩 사주가 제공된대. 비록 많은 주식은 아니지만, 자신이 회사의 주인임을 상징하는 일종의 의례식이라고 생각해. 홈페이지 회사 스토리 코너에도 나오는 이야긴데, 나는 그게 좀 인상 깊었어."

"그렇다면 혹시 이 회사의 최고의 가치는 직원 아닐까? 회사는 원래 주주의 이익을 위해 노력한다고 하잖아. 그러니까 직원이 주주라면 결국 회사는 직원을 위해 노력한다는 논리도 성립할 수 있는 거 아냐?"

서연의 의견에 유진도 고개를 끄덕였다.

"아, 그런 시각도 가능하겠구나. 주주를 위하는 회사 그리고 직원이 주주인 회사! 그럴 듯하다. 난 거기까지는 생각 못했는데, 확실히 서로 의견을 나누니까 스스로의 생각의 한계를 뛰어넘을 수 있게 되네."

"맞아. 네가 전에 설명해준 과거의 틀을 깨는 브레인스토밍! 이렇게 대화를 나누면 정말 우리의 생각들이 서로 자극을 주고받으면서 새로운 아이디어가 만들어지는 것 같다."

유진은 서연의 지적에 다시 한 번 과거의 틀과 그로 인한 생각의 틀을 깨는 게 얼마나 중요한지 깨달았다. 물론 이런 과정이 대화, 토론, 세미나를 통해 이루어질 수 있다는 것도.

"우리 저작권에 대해서도 아까 말한 대로 역할을 나누어서 이야기해보자. 그러다보면 생각이 더 잘 정리될 거 같아."

두 사람의 숙소에서는 열정이 넘치는 세미나와 진지한 토론이 밤늦게까지 계속되었다.

유진의
메모

5. 기억의 마법

+ 망각의 마법, 우리가 보고 들은 것은 일단 잊힌다.

+ 우리의 기억엔 단기 기억과 장기 기억이 있으며 장기 기억을 위해 기억의 원리를 활용할 수 있다.

+ 기억의 원리로 시간을 초월하는 기억의 마법.

1)관심의 각인 - 관심을 두고 흥미를 느껴라. 이야기를 만들어라.

2)스트레스의 각인 - 긴장 및 스트레스에 의한 기억. 설명의 각인. 상대에게 말을 하면서 생각을 정리하라.

3)반복의 각인 - 망각 곡선을 고려한 반복 학습을 통해 오래 기억에 남도록 하라. 10일, 100일의 복습을 시도하라.

여섯 번째 이야기 시간 공유의 마법

시간의 공유에서는 타인에 대한 배려가 우선 되어야 한다
이는 타인뿐 아니라 가족의 경우에도 마찬가지다

실질적인 마지막 강의가 있는 다섯 번째 연수 일정이 시작되었다. 오전에는 간단한 요가와 함께 연수생들의 긴장을 풀어주는 가벼운 일정이 진행되었다. 점심식사 후 오후 강의의 주제는 '기획팀 롤 플레이Role Play'였다. 연수생들은 모두 다섯 개의 그룹으로 기획팀을 짠 뒤 팀별로 회사의 미래를 준비하는 기획서를 발표하는 것이다.

조직에 있어서의 시간의 마법

각 그룹은 팀장과 부팀장을 선발하고, 각 팀원이 여러 부서를 맡아 다양한 아이디어를 모아 회사의 발전을 위한 방안을 제시하는 임무를 맡았다.

유진은 그동안 J가 해준 이야기의 내용을 떠올렸다.

'개인이 시간의 마법에 걸려 있다면, 회사도 마찬가지일 거야. 내가 시간의 마법을 이겨내기 위해 사용하는 방법을 응용해서 회사가 시간의 마법을 극복하는 방안을 제시해보자.'

발표 내용에 확신이 선 유진은 팀장을 자청했다. 그리고는 발전이 없이 고착 상태에 빠진 회사의 상황을 도출하고, 이를 극복하기 위한 회사의 10개년 계획을 수립하자고 제안했다. 우선, 10년의 계획을 위한 중장기적인 로드맵을 만들고 팀원별로 자신의 전공에 맞는 발전 방향을 제안하도록 유도했다.

팀원들은 유진의 제안에 수긍하며 각자 분야별로 바쁘게 아이디어를 제시했다.

"중장기 계획이 만들어지면 올해와 다음 연도에 할 수

있는 열 가지의 구체적인 세부 계획을 수립해보도록 하겠습니다."

막연하게 무엇을 해야 할지 우왕좌왕하는 옆의 그룹들과 달리 유진이 소속된 그룹은 활발한 논의가 진행되었다. 결국 한 시간에 걸쳐 알차게 준비해낸 유진의 팀은 강사로부터 최고의 평가를 받았다.

'아, 그렇구나. 개인이든 회사든 시간의 마법에 빠져 있기는 마찬가지야. 1년의 매출에만 집착해서 숲을 보지 못하는 회사는 결국 미래를 위해 치밀하게 준비해온 경쟁사에 뒤처질 수밖에 없는 거야.'

유진은 그동안 J에게서 들은 내용들이 어느새 본인이 추구하는 업무에도 자연스럽게 적용되고 있다는 사실을 깨닫고는 뿌듯함에 사로잡혔다. 더불어 오늘 발표의 선전으로 성적도 조금은 만회하리라는 기대도 생겼다.

'됐어. 이 정도면 적어도 커트라인까지는 올라가지 않을까? 제발 기적이 일어났으면!'

유진은 자신의 활발하고 적극적인 발표가 강사들에게 큰 인상을 심어주었기를 내심 바랐다. 이어지는 시간은 전날

예고한 저작권법 시험 준비 기간이었다. 자율성을 띠고는 있었지만, 대부분의 연수생들이 참여했다. 강사는 교재를 다시 나누어주고 3시간이 주어진다는 사실을 다시 한 번 알렸다.

유진은 자리에 앉아 침착하게 다시 한 번 책을 훑어보기 시작했다.

특히 유진은 사례를 중심으로 좀더 집중했다. 필요한 내용은 기억의 마법을 위해 재미있는 상황으로 만들어보기도 했다. 예를 들면 저작권의 위반 사례에서는 본인이 익숙한 소설에 콘텐츠를 대입했고, 이야기 형식으로 구성해서 마치 드라마의 한 장면 같은 상황을 연상했다. 그리고 필요한 용어들, 즉 공연성, 사건의 적시, 위법성 조각들과 같은 전문용어들은 노트에 옮겨 적은 후 각 용어들을 아우르는 짤막한 이야기들을 리듬감 있게 만들어 좀더 시청각적으로 암기할 수 있는 토대를 만들었다. 유진은 생각보다 공부가 훨씬 쉽고 재미있다는 사실을 서서히 깨닫고 있었다.

'기억의 마법이란 이렇게 유용한 거구나. 재미있게 상황을 만들어서 개념을 익히니까 쉽게 기억할 수 있을 거 같은데.'

유진은 조금씩 자신감이 생겼다. 특히 지난밤에 룸메이

트인 서연과 함께 세미나를 한 게 더욱더 이해를 용이하게 하고 기억에 잘 각인시키는 효과가 있었다. 유진은 저작권에 대해서는 내용을 충분히 숙지한 것 같아 마음이 뿌듯했다. 그리고는 상식 교재를 펼쳤다. 시중에서 판매되는 최신판 시사 상식이었다. 왜 이런 걸 공부하라고 했을까? 문득 J의 조언이 떠올랐다.

'언제나 출제자의 의도를 먼저 파악해보라고 했지. 현재의 시사에 대한 상식이라, 맞아! 우리가 미래를 준비하려면 현재에 대한 충분한 이해가 있어야 한다고 했어. 그러니까 이렇게 세계적인 정치, 경제, 문화에 대한 상식이 바탕이 되어야만 글로벌 기업으로서 S상사가 나아갈 길을 찾아낼 수 있다는 의미일 거야.'

S상사의 미래를 위한 시사 상식이라. 유진은 시사 상식을 공부해야 하는 이유에 대해 나름 이해한 뒤 책을 펼쳐 읽기 시작했다. 특히 S상사의 현재 상황과 연관 지을 수 있는 키워드에 좀더 관심을 두었다. 그런 뒤 연습 문제에 대해서는 J가 알려준 문제 풀이를 위한 반복의 각인을 적용하기 위한 기호들을 충분히 활용했다.

유진은 스스로도 놀랐다. 물론 시험이 코앞에 있다는 긴장감과 스트레스가 집중력에 도움을 주는 거라는 생각이 들기는 했지만, 세 시간의 짧은 시간 동안 두 권의 두꺼운 교재를 나름대로 충분히 숙지하고 있었다.

짧지 않은 시간이 순식간에 흘러갔다. 연수생들은 한 글자라도 더 보려고 애썼지만, 강사는 모든 교재를 다시 걷은 다음 모두에게 행운이 있기를 바란다는 인사를 하고는 나가 버렸다. 여기저기서 아쉬움의 탄성이 쏟아져 나왔다.

노트를 정리하고 있는 유진 앞에 어느새 서연이 다가왔다.

"어떻게 정리는 잘 되가?"

"어제 선배에게 들은 기억의 마법이 정말 큰 도움이 되는 거 같아. 세 시간 동안 내가 그렇게 집중력을 발휘할 줄은 몰랐어. 하나하나 알아 가는 게 재미도 있구."

유진은 자신의 집중력에 스스로도 꽤나 감탄한 모양이었다. 서연도 함께 맞장구를 쳤다.

"맞아. 나도 오랜만에 하는 공부였는데, 정말 수월하더라. 마치 족집게 과외라도 받은 것 같은 기분이야. 선배님께 얼마나 감사한지 몰라."

두 사람은 세 시간 동안의 공부에 무척 만족했다. 유진은 오늘 발표도 잘했고 또 시험 준비도 잘한 것 같아 은근히 다음날 있을 시험에 대한 기대까지 생겼다.

"참, 유진아! 아까 발표 완전 대단했어. 마치 몇 년은 준비한 사람 같더라. 강사들도 꽤 놀라는 눈치였고."

"고마워! 그냥 나에게 일어난 변화를 회사에 한번 적용해보면 어떨까 했던 것뿐인데. 시간의 마법은 정말 대단한 것 같아."

"참, 오늘도 세미나 할 거지? 저녁 식사하고 숙소에서 보자."

"오늘은 우리 그룹 사람들과 뒤풀이하기로 했어. 1등 한 거 축하하는 의미에서. 내가 팀장이었잖아. 왠지 그래야 할 거 같아. 서로 용기도 주고 격려도 하고. 뒤풀이 끝나고 바로 갈게."

유진은 서연과 헤어진 후 팀원들과 저녁을 먹기로 한 약속장소로 자리를 옮겼다. 리조트 앞에 있는 한식집이었다. 저녁과 함께 이어진 술자리에서 유진은 참으로 많은 이야기들을 들을 수 있었다.

이 대기업에 입사하기까지 꽤 많은 시간을 쏟아 부으며 노력한 사람들. 그들은 대부분 엘리트였으며, 또 많은 고민을 안고 있었다. 유진은 이들에게 시간의 마법에 대해 설명해주었다. 모두가 눈을 반짝이며 관심을 보였다. 나중에 꼭 정리된 결과를 알려달라는 사람도 있었다. 세 시간여의 뒤풀이를 마치고 유진은 바로 커피숍으로 달려갔다.

그때 누군가 유진을 불러 세웠다. 같은 팀의 부팀장을 맡았던 건우였다. 건우는 친화력이 아주 뛰어난 친구였다. 처음 보는 사이인데도 사람들과 쉽게 친해졌으며 오늘 토론에서도 유진의 제안을 진심으로 지지했고 팀원들을 이끌어 체계적으로 만드는 데 크게 도움을 주었던 친구였다.

"잠깐만! 나도 같이 가자. 그 선배님 이야기, 나도 듣고 싶어. 시간의 마법에 대해서 듣는 순간 나 역시 뭔가 번쩍하는 깨달음이 있었거든. 부탁이야!"

유진은 과연 건우답다고 생각했다. 유진은 간절한 눈빛으로 자신을 바라보는 건우를 향해 고개를 끄덕였다.

"그래! 아무래도 네가 관심 있어 할 줄 알았어. 내 이야기를 정말 진지하게 듣더라구. 아마 신배님도 좋아하실 거야."

"와, 이제 나까지 가면 벌써 제자가 세 명이 된 거네. 시간의 마법에는 사람을 끌어 모으는 마법도 있나보다!"

유진은 해맑게 웃으며 좋아하는 건우를 보며, 저렇게 밝고 씩씩해서 사람과 쉽게 친해지는 특별한 매력을 가지고 있는 게 아닐까 생각했다. 두 사람은 밝은 표정으로 이런저런 이야기를 나누며 리조트로 들어섰다. 물론 휴게실 앞의 컴퓨터에서 오늘의 성적을 확인하는 일도 잊지 않았다. 성적을 확인한 유진의 표정이 약간은 실망스러운 듯했다. 두 사람은 바로 커피숍으로 향했다. 먼저 도착한 서연과 J가 이야기를 나누고 있었다.

"동기들과의 마지막 밤을 기념하는 회식이 있어서 조금 늦었어요. 그리고 여기는 오늘 우리 팀이 1등을 하는데 아주 큰 기여를 한 부팀장 이건우 씨예요."

"반갑습니다, 교수님. 말씀 많이 들었습니다. 오늘 회식 자리에서 우리 유진 팀장님의 시간의 마법 이야기가 단연 인기였어요. 그래서 저도 염치 불구하고 이렇게 따라왔습니다."

"반가워요! 그냥 편하게 다들 선배라고 불러요. 나도 편하게 말할 테니."

J는 새로운 멤버인 건우를 반갑게 맞아주었다. 그리고는 유진을 바라봤다.

"유진이는 오늘 표정이 아주 좋아 보이네. 성적은 좀 괜찮았니? 이제 좀 희망을 기대할 수 있을까?"

"좀 전에 성적 확인하고 왔는데요, 일단 여덟 계단 상승해서 32등이에요. 오늘 나름대로 잘한 것 같긴 한데, 좀 아쉽네요. 그래도 점점 좋아지고 있다는 것만으로도 기뻐요."

유진은 아직도 분발해야 하는 처지이긴 했지만 웃음을 잃지 않고 당당했다.

"그럼 된 거야. 그리고 오늘이 연수 마지막 밤이지? 이제 오늘 밤이 지나고 내일 최종 발표 후 각자 헤어지고 나면 합격한 사람이든 떨어진 사람이든 아마 다시 시간을 내서 만나기는 쉽지 않을 거야. 다들 바쁜 일상의 굴레 속으로 빠져들 테니까."

"네, 그럴 것 같아서 오늘은 꼭 뒤풀이를 하고 싶었어요. 아무도 나서는 사람들이 없더라구요. 그래서 제가 제안을 했죠. 건우 씨도 분위기를 만들어주었구요. 정말 많은 이야기를 나누었어요. 나중에는 2차까지 하러 나가더라구요."

유진의 발갛게 상기된 얼굴을 보며 J는 미소를 지었다.

"사람들과 모여서 이야기를 해보면 참으로 나와는 다른 많은 생각이 존재한다는 걸 깨닫게 돼. 각자 살아온 환경만큼이나 느끼는 게 다르기 때문이지. 며칠 전 브레인스토밍 이야기처럼, 내 사고의 틀에서는 상상할 수 없는 정말 기발한 아이디어들이 나오고 또 그런 것들이 내 생각의 한계를 벗어나게 해주지."

서연 역시 J의 말에 크게 공감했다.

"저희도 어젯밤에 이야기하면서 그런 걸 느꼈어요. 그래서인지 항상 선배님은 처음 보는 사람들과의 만남을 꺼려하지 않고 기꺼이 받아들이며 대화를 즐기시는 것 같아요."

"그런 편이지. 물론 후배들에게 조금이라도 인생을 더 산 나의 이야기를 들려주는 것도 좋은 일이지만, 사실은 그런 과정에서 후배들이 나누는 이야기를 들으며 나 역시 의미 있는 실마리를 얻곤 해. 누구에게나 시간은 소중한 거니까, 가능한 서로에게 도움이 될 수 있는 커뮤니케이션이 되어야겠지."

유진은 서로에게 도움이 되는 커뮤니케이션이라는 말이 가슴 깊이 와 닿았다.

"선배의 배려심은 누구도 못 따라갈 거예요, 아마. 진심이 느껴지니까. 오늘은 어떤 이야기를 해주실 거예요? 주제가 뭐죠?"

"유진이 오늘 팀장이 되더니 무척 적극적이어졌구나! 그래 오늘은 시간의 마법 중에서 우리가 살아가는 데 매우 중요한 개념인, 바로 시간의 공유 방법에 대해 이야기해보자."

"시간의 공유 방법이요? 공유라면 시간을 여러 사람이 함께하는 방법을 말하는 건가요?"

"제 생각엔 왠지 두 사람이 하면 더욱 쉬워진다, 백지장도 맞들면 낫다, 이런 어감이 오는데요?"

유진과 서연이 각자 자신의 느낌을 이야기했다.

"다들 센스가 있구나. 맞아. 그런 비유도 적절할 수 있지. 자, 그럼 시간의 공유에 대해서 이야기해보자."

타인과의 시간의 공유

J는 세 사람을 한 명씩 천천히 바라보며 시선을 옮겼다.

"사람들은 각자 다른 환경에서 독특한 인생을 살아가지.

그래서 매우 다양한 생각과 행동을 하게 되고. 회사라는 조직은 이런 사람들이 모여서 하나의 유기체처럼 움직이는 곳이야. 즉, 개개인의 고유한 경험이 회사라는 틀 안에 모여서 어떤 시너지 효과를 발휘하게 되는데, 나는 그걸 시간의 공유라고 불러.”

“여러 사람의 시간이 함께 공유되는 것을 말씀하시는 건가봐요.”

“맞아. 각자 다르게 흘러가는 시간과 인생이 지금 이 순간 함께 만나서 흐르게 되는 것을 의미하지. 지금 내가 여러분과 만나서 이야기하는 것처럼 말이야. 이렇게 서로의 경험들이 서로 섞이면서 영향을 주게 되는데, 이는 뭔가를 이루기 위한 매우 중요한 과정이야. 지난번 브레인스토밍 때 자세하게 말하지 않았는데, 이런 시간의 공유를 통해서 사고의 틀이 매우 넓어지는 거지.”

“브레인스토밍 때 정말 대단했죠. 저도 사람들의 생각이 참 다양하다는 걸 알게 되면서 내 자신이 우물 안 개구리처럼 느껴졌죠.”

유진은 며칠 전의 일을 떠올렸다.

"그때는 연수 중에 그냥 창의력 프로그램의 일환으로 한 번 해본 거지만, 이런 시간 공유의 마법은 많이 쓰면 쓸수록 사고가 더욱 넓어져. 즉, 그런 유연한 사고와 사고의 틀을 깨는 노력은 자주 할수록 좋고, 이를 통해서 더욱더 성숙해지고 많은 성과를 얻을 수 있게 되는 거지."

"저도 혼자 일할 때는 잘 몰랐는데, 여기서 며칠 지내보고는 정말 많은 걸 느꼈어요. 특히 서연과 밤마다 나누는 이야기들을 통해서 새삼 대화의 중요성도 실감했구요."

"생각해 봐. 어떤 친구가 여러 번 물건을 사서 써본 결과 너무나도 좋은 걸 하나 발견했어. 그리고 그걸 친구에게 이야기해주지. 진심으로 말이야. 그러면 그 상대방은 그 많은 시간과 비용을 들이지 않고도 그 혜택을 누릴 수 있는 거잖아. 짧은 시간의 대화를 통해서. 이런 시간의 공유는 정말 마법과도 같은 거지."

J의 말에 세 사람은 일제히 고개를 끄덕였다. 상대의 경험을 통해 내가 얻을 수 있는 혜택이라. J는 계속해서 말을 이어갔다.

"그래서 내가 쓰는 방법은 사람들과 자주 대화의 시간

을 갖으려는 거야. '유진과의 매일 10분의 약속' 같은 이런 시간들이지. 점심시간이면 피곤해서 낮잠을 청하는 사람들도 많지만, 나는 가급적이면 여러 사람들과 차 한 잔이라도 할 수 있는 시간을 만들려고 해. 그리고 뭔가 업무적으로 공감이 필요한 부분에서는 조직에 제안해서 간담회를 만들어 관련한 사람들이 좀더 편하게 의견을 나누도록 하기도 하구. 일부 사람들은 간담회를 무슨 술자리나 회식으로 치부하기도 하는데, 그렇지 않아. 편안한 자리일수록 사람들의 솔직한 이야기가 오가게 되고 또 업무적으로도 많은

아이디어를 공유할 수 있거든."

"네, 저도 오늘 뒤풀이를 하면서 많이 느꼈어요. 사람들의 진심을 알게 되니 그들이 달라 보이더라구요."

"그래. 그런 시간의 공유는 우리에게 매우 중요한 마법을 일으키지. 다만 주의할 점이 하나 있어."

"주의할 점이요?"

"가끔은 자신의 우월한 지위를 남용해서 같이 자리하고 싶지 않은 부하직원들을 억지로 참석시키거나, 자신의 생각을 강요하는 선배나 관리자들도 있지."

"아, 저도 예전 직장에서 그런 적이 있어요. 저녁에 선약이 있었는데, 느닷없이 회식이라면서 반드시 참석하라고 하더라구요. 저한테는 너무 중요한 약속이어서 결국 회식에 참석하지 않았더니 다음날 어찌나 불편하게 눈치를 주던지. 아마 그런 것들이 쌓이고 쌓여서 회사를 그만둔 건지도 모르지만."

서연은 옛 직장에 대한 이야기가 나오자 눈가가 촉촉해졌다. 유진이 그런 서연의 어깨를 토닥였다.

"맞아, 바로 그런 거야. 그런 분위기는 오히려 역효과를 내게 돼. 항상 시간의 공유에서는 다른 사람에 대한 배려와

양해가 우선되어야 한다는 거 잊지 말도록! 이건 타인뿐만 아니라 결혼한 부부 사이에도 아주 중요한 거니까."

"부부 사이에도요?"

유진과 나머지 두 사람이 동시에 의아하다는 표정을 지었다.

가족과의 시간의 공유

"세 사람 다 미혼이라 아직은 잘 모르겠지만, 주변에 결혼한 친구들 중에 성격 차이로 갈라서거나 사이가 좋지 않은 커플들이 있을 거야. 그런데 그런 부부들을 만나보면 대부분 서로에 대한, 즉 서로의 시간에 대한 배려가 부족해서 그렇더라구. 아까 서연이 회식 이야기를 했었지? 내가 아는 맞벌이 부부가 있는데, 아내의 회식 참석 여부를 놓고 남편이 항상 큰 불만을 표시하곤 했어. 물론 더 자세한 내막은 우리가 알 수 없지만, 적어도 부인이 직장인이라면 그 조직에서의 생활과 시간도 존중되어야 한다고 생각해. 결국 그 커플은 갈라서고 말았어. 항상 기억해야 할 것은 내 시간이 중요하듯이 상대방의 시간도 중요하다는 거야."

"그러고 보니 제 주변에도 그런 경우가 있는 것 같아요. 결국 부부도 각자 남남이던 사람들이 만난 거니까 같이 어울려 살기 위해서는 서로의 시간에 대한 배려가 꼭 필요할 거예요."

유진은 결혼생활을 힘들어하는 친구들을 떠올렸다.

"아무렴. 부부야말로 남은 인생을 함께 살아가야 할 동반자 아니겠어? 그러니 그런 배려와 신뢰는 더욱 중요한 요소일 수밖에. 기왕에 부부에 대한 이야기가 나왔으니 한 가지 더 이야기하자면, 서로의 시간에 대한 배려에는 상대방의 꿈에 대한 배려도 함께 있어야 한다는 거야."

"꿈이라면 지금까지 이야기한 시간의 마법에서 우리 인생의 목표를 이야기하는 거죠?"

"맞아. 그런 인생의 목표는 누구에게나 필요하고 이는 결혼을 했다고 해서 배제해서도 안 돼. 나는 많은 사람들이 가족을 위해 인생을 희생하는 걸 지켜봤어. 기러기아빠 생활을 하는 동료들도 많이 봤고. 하지만 결국 돌아오는 건 본인이 희생하며 기대했던 것과는 사뭇 달라. 그래서 더 큰 상처를 받기도 하지."

"그래도 그렇게 사는 게 아이들을 위한 거라고 믿잖아요. 그게 부모의 마음 아닐까요?"

유진의 의견에 J가 엷게 미소를 지었다.

"네 말처럼 그렇게 희생하는 것 자체가 꿈이고 목표라면 상관없어. 그러나 그렇게 자신과 떨어져 있는 동안 점점 더 약해지는 유대관계와 애정을 감수할 수 있어야겠지. 많은 사람들이 그리움으로 몸과 정신이 피폐해지기도 하고, 또 서먹해진 가족관계에 절망하기도 하는 걸 많이 봐왔거든. 그렇게 되지 않으려면 비록 기러기아빠라도 지나치게 희생 자체에 의미를 두지 말고 자신의 시간에 대해서도 책임을 지라는 거야. 시간의 마법을 이기는 방법은 전에도 설명했듯이 자신에 대한 관심이 가장 먼저 배경이 되어야 하거든. 내가 보람을 느낄 수 있는, 내가 삶의 의미를 느낄 수 있는 그런 꿈을 가지고 매일매일 노력할 수만 있다면, 비록 가족과 떨어져 있는 기러기 인생이라도 그렇게 절망적이지는 않을 거야."

"아, 그러니까 내 자신의 목표가 떨어져 있는 가족이 되어서는 안 된다는 거군요. 그렇게 되면 너무 힘들고 실망할 수도 있으니까요. 어쨌든 자신의 꿈을 가지고 시간의 마법을 극복하는 자세가 매우 중요할 거 같아요. 지금의 저처럼 일단은 의욕에 불타오를 테니까요."

유진이 주먹을 불끈 쥐어보였다.

"하하! 기러기 이야기가 나와서 하나 더 이야기하는데, 나는 내 나름대로의 육아 원칙이 있어. 그 하나는 내 아이의 시간도 존중해주어야 한다는 거야."

"아이에게도 시간이라는 개념이 있을까요? 아이들은 인생 경험이 없어서 잘 모르잖아요. 그냥 부모가 시키면 시키는 대로 하는 게 더 나을 것 같은데. 아닌가요?"

"많은 엄마들이 또는 부모들이 아이들의 시간이나 인생에 대해 잘 이해하지 못하고 있어. 그냥 본인들의 경험에 끼워 맞추는 거지. 그러면 분명 부작용이 따르게 돼. 대부분의 부작용은 아이가 스스로 사고하고 판단하는 시점에 이르면 그동안에 쌓였던 불만이 한꺼번에 폭발할 수 있다는 거야."

"선배 이야기를 들으니 좀 무섭기도 하네요. 부모 입장만 강요하다가 아이가 반항할 수도 있다는 거죠?"

"맞아. 내 주변에서 많이 본 사례야. 서로 사촌 간인 두 가족의 예를 들어볼게. 한 가족은 아이들이 어릴 적에 주말마다 여행을 다니면서 평소에 한 거라고는 같이 책을 읽는 정도였어. 부부가 책을 좋아하기도 했고, 특별히 아이들에게 강요하지 않고 책을 읽을 수 있도록 분위기를 만든 거지. TV 보는 시간을 줄이고 음악을 들으며 항상 함께 책을 읽은 거야. 그랬더니 아이들도 어느 샌가 책을 좋아하게 되었고, 여행을 다닐 때마다 서로 이야기도 많이 하면서 매우 적극적인 성격을 가지게 된 거지. 또 한 가족은 어려서부터 학습지에 방문교사에, 아이들은 주말에도 학원에 가기 바빴어. 실제로 초등학교까지는 성적도 우수했고, 가족 모임이 있을 때마다 자식 자랑하기에 바빴지. 아이들을 의대에 보낼 거라고 못 박기도 했어. 이미 부모가 아이들의 인생까지 결정한 셈이지.”

"요즘 가정이 대개 두 번째 집의 경우와 흡사하지 않나요? 일찍 결혼한 제 친구도 벌써부터 학습지에 학원에, 아이가 엄청 바쁘더라구요.”

"그래. 실제로 많은 부모들이 그렇게 하고 있기 때문에 우리도 그렇게 하지 않으면 아이가 뒤떨어질 거라는 생각이

들게 되지. 게다가 아이들이 학원에서 선행학습을 이미 하고 오기 때문에 시험을 보면 학원에 가지 않은 우리 아이만 뒤처지는 것도 사실이고. 하지만 이런 표면적인 현상에 지나치게 얽매일 필요는 없어. 기억의 마법을 잘 생각해 봐. 어차피 아이는 공부한 것들을 대부분 잊게 될 거야. 본인이 충분히 관심을 보이거나, 스스로 설명할 수 있을 만큼 깊은 이해력을 갖추거나, 아니면 적절한 방법으로 계속해서 반복해주지 않는 이상은 말이야.

그런데 어려서부터 주입식 교육과 문제풀이식 교육에만 치중하면 이런 학습에 대한 관심 자체가 멀어질 수 있어. 안타깝게도 이런 부작용은 정작 더 분발해야 하는 고등학교 때부터 나타나게 돼. 그 시기부터는 더 이상 문제풀이처럼 양으로 승부해서는 해결할 수 없는 것들이 많아지거든. 아무리 아이가 착하고 또 공부를 하고 싶어 하더라도 본인이 그런 수동적인 학습에 익숙해 있다면 더 이상 헤쳐 나가기가 쉽지 않아. 내 고등학교 때 부반장의 경우처럼 되는 거지. 무척 열심히는 하는데 그에 비해 성과는 보잘것없는."

"참 어려운 문제인 거 같아요. 그렇다고 무작정 풀어줄 수도 없고. 너무 일찍부터 뒤처지면 아이 스스로 자신이 능력이 없다는 패배감에 사로잡힐 수도 있잖아요."

"그 부분에 대해서는 부모의 관찰이 필요해. 그래서 나는 절대평가를 항상 중요시해. 아이가 풀어온 문제 수준을 보고 단순히 실수로 틀린 부분에 대해서는 관대해질 필요가 있다고 생각해. 그럼 아이 성적에 대한 근본적인 문제점이 무엇인지 알 수 있게 되지. 아까 예로 들었던 두 집에 대한 결론이 궁금하지 않아? 어떻게 되었느냐면, 평소 책을 좋아하고 주말마다 여행을 다녔던 집의 아이들은, 고등학교에 들어간 뒤 본인들 스스로 의대를 가고 싶다는 꿈과 의지를 갖게 되었고, 열심히 공부해서 실제로 의대에 진학했어. 그리고 어려서부터 공부만 시키던 집안의 아이들은 중학교 때부터 삐딱하게 나가더니 결국은 대학 시험도 떨어지고 재수에 삼수까지 하는 처지가 되었지.

물론 어려서부터 열심히 공부를 시켰던 아이들이 모두 다 그렇게 되는 건 아닐 거야. 아이들이 공부를 잘하기를 원한다면, 물론 대부분이 부모의 바람이겠지만, 아이들이 공부에 좀더 관심과 흥미를 가질 수 있는 방법을 모색해야 한다는 거야. 일단 어려서 책을 많이 읽은 아이들은 글에 대한 사고 능력이 넓어지고, 부모와 여행을 다니면서 대화도 많이 하고, 또 많은 것을 직접 보고 느끼다보면 사고의 틀이 유연해져서 매우 창의적이고 논리적인 아이로 성장하게 되지. 만약 내가 우리 아이들을 위해 무엇을 해주어야 할지 모르겠다면 일단 같이 책을 읽고 함께 여행을 하고 서로 이야기를 나누도록 권하고 싶어. 그게 바로 아이들의 소중한 어린 시절의 시간에 대한 배려라고 생각해."

"좋은 지적이에요. 그런데 제가 책읽기를 별로 좋아하지 않아서 아이도 그러면 어쩌나 걱정이에요. 나를 닮으면 안 될 텐데."

유진이 민망한 듯 혀를 내밀며 웃었다.

"정말로 아이들이 잘되기를 바란다면 부모 먼저 바뀌어야 해. 부모가 책을 좋아하면 아이도 자연스럽게 그렇게 돼. 부모는 아이의 가장 좋은 친구이자 거울이거든. 부모가 하는 모든 걸 보고 배우는 게 아이들이지. 가끔 영어를 가르친다고 집에서 우리말 대신 말도 안 되는 콩글리시로 아이와 대화하는 부모들을 보곤 하는데, 참 안타까운 일이야. 영어를 가르치고 싶으면 영어를 못하는 부모를 따라하게 해서는 안되지. 차라리 영어 비디오를 보게 하거나 장난감에서 나오는 A, B, C 발음을 따라하도록 하는 게 더 나아.

나는 우리 아이들이 어렸을 때 집에서 절대 영어를 하지 않도록 했어. 혹시 영어를 해야 할 일이 있으면 그건 영어가 아니고 우리말이라고 꼭 단서를 달았지. 그랬더니 아이가 우리의 한국 악센트가 있는 영어발음을 듣더라도 그건 한국말이라고 생각해버리고는 자신이 비디오에서 본 영어 발음을 그대로 하더라고. 발음이 뭐가 그렇게 중요하냐고 생각할 수도 있지만, 내가 들을 수 있어야 말할 수도 있는 거니까. 이처럼 아이가 어학을 잘하기를 원한다면 어학을 잘 배울 수 있는 환경을 만들어주라는 거지. 부모가 할 수 없다면 차라리 그냥 아이들 스스로 배우도록 놓아두는 게 더 나아."

"와. 굉장히 재미있는 지적이에요. 아직 아이가 없어서 잘 모르겠지만 선배가 해준 이야기 꼭 기억해두었다가 활용해야겠어요."

"내가 과학을 전공한 사람이라 더 그렇게 느끼는 건지도 모르겠지만, 아이는 아빠와 엄마 염색체의 조합으로 만들어진 결국 부모의 분신인 셈이야. 그래서 자식을 보면 바로 내가 다시 태어난 것 같은 느낌이 드는 거지. 다시 말해서 새롭게 태어난 나를 지금의 내가 키우는 그런 느낌이라는 거지. 그러니까 새로 태어난 나에게 내가 어떤 기회를 줄 수 있을까 하고 생각한다면, 아이에게 어떻게 해주는 게 올바른 길인가를 판단할 수 있을 거야."

"네. 꼭 명심하겠습니다!"

유진의 씩씩한 대답에 동료들이 서로 마주 보며 웃음을 터뜨렸다.

"오늘이 마지막 밤이라고 생각하니 좀더 많은 걸 이야기해주고 싶은 욕심이 생기는데, 모두 시험공부 하는 데 문제없겠지?"

"그럼요! 걱정 없습니다. 우리의 밤은 아주 길거든요."

지금까지 진지한 눈빛으로 경청하던 건우가 큰 소리로 대답했다. 다른 두 사람도 동의한다는 듯이 고개를 주억거렸다.

"여기 세 사람은 이 회사에 합격한다면 앞으로 어떻게 하고 싶니?"

"저는 아직 심각하게 고민을 못해봤어요."

유진이 우물쭈물하는 사이 서연이 힘차게 대답했다.

"전 꼭 성공하고 싶어요. 고위 관리자까지 진급할 거예요. 여자도 잘해낼 수 있다는 걸 꼭 보여주고 싶거든요."

건우도 이에 질세라 목소리를 높였다.

"저도 CEO가 되겠다는 각오로 노력할 거예요. 전 S상사처럼 세계를 무대로 활동하는 기업에서 전 세계를 누비며 비즈니스를 하는 꿈을 키워왔거든요."

"두 사람의 힘찬 다짐이 좋네. 무언가 꿈을 꾼다는 것, 목표가 있다는 것, 바로 그런 게 필요해. 기왕에 몸담게 되었다면 그 조직에서 최선을 다해 인정받을 수 있어야겠지. 그러려면 장기적인 계획을 수립하고 지금부터 노력할 필요가 있어. 가장 쉬운 방법은 롤 모델이 될 만한 사람을 정한 다음 그 사람이 살아온 인생을 참고해서 목표를 수립하고 준비하는 거야. 학위가 필요하면 학위를 따고, 자격증이 필요하면 그것도 준비하고 그리고 어학 점수가 필요하다면 그것도 미리미리 준비해야겠지. 회사의 비전에 대해서도 공감하고 또 회사가 바라는 인재상에 대해 고민도 해봐야 하고. 유진도 이 두 사람처럼 목표를 뚜렷하게 잡고 하루하루 임해야 회사의 시간의 마법에서 좀더 나은 내일을 맞이할 수 있을 거야."

"네, 명심할게요."

힘차게 대답한 유진이 갑자기 뭔가 떠오르는 모양이었다.

"혹시 그런 모습이 회사가 바라는 인재상이며 S상사의 최고의 가치 아닐까요?"

다른 두 사람도 유진의 말에 귀가 솔깃했다. J는 잠깐 생각에 잠기는 듯했다.

"아, 나도 잊고 있었구나. 유진이 첫날 말했던 최종시험 문제! 음, S상사의 최고의 가치라."

"S상사는 글로벌 기업이니까 미래를 이끌어갈 인재를 가장 중요하게 여길 것 같기도 합니다."

건우의 의견에 서연도 거들었다.

"사실 유진과 제가 어젯밤에 그런 이야기들을 했었거든요. 창업자의 직원이 주인이라는 말. 이런 것들을 종합해보면 미래를 꿈꾸는 직원들이야말로 최고의 가치가 아닐까 싶어요."

"창업자의 이야기도 조사해봤구나. 사실 많은 기업에서

창업 스토리를 통해 브랜드 이미지를 홍보하지. 만약 회사에서 공식적으로 설명하는 브랜드 스토리에 나온 내용이라면 여러 분의 생각이 거기서 크게 벗어나지는 않을 거야. 내가 어제 기억의 마법을 설명하면서 문제 푸는 방법, 문제에 다가서는 방법에 대해 말했지?"

"맞아요. 출제자의 의도에 대해 충분히 고민해보라고 하셨죠. 이 문제를 통해 무엇을 얻고자 하는지, 평가하고자 하는지."

"그래 맞아. S상사의 최고의 가치, 왜 S상사는 그것을 연수생들에게 물어보고 있을까? 솔직히 나는 이 연수에 참가하지 않았기 때문에 내가 답변해줄 수는 없어. 다만 1주일간의 연수 프로그램에 참가한 사람이라면 한번 고민해 봐. 왜 그런 프로그램들을 1주일 동안 구성했는지 그리고 정말로 연수생들이 S상사에 대해 무엇을 깨닫고 어떤 이미지를 가져가기를 원하는지."

세 사람은 J의 제안에 그동안의 일정을 머릿속에 떠올렸다. 짧은 시간이었지만 좋은 사람들과 함께했고 또 많은 것을 느낄 수 있는 시간이었다. J는 세 사람에게 잠시 생각할 시간을 준 다음 이야기를 이었다.

"이제 내일이면 우리의 이 10분 미팅도 끝나는구나. 나도 이제 일상으로 돌아가면 정말 바빠지겠지. 앞으로 우리는 다시 만나기 어려울 수도 있어."

"마지막이라고 생각하니 정말 아쉬워요."

만남과 이별에 대해

"모든 인연은 만남과 헤어짐이 함께 하기 마련이야. 사실 헤어짐이라는 것도 만남이 있기에 가능한 거고. 어떤 헤어짐은 다시 만날 날을 기약하기도 하지만, 또 어떤 헤어짐은 영영 다시 못 볼 이별을 의미하기도 하지."

"그런 말씀 하시니까 갑자기 슬퍼져요. 열심히 노력해서 시간의 마법으로 성공한 제 모습을 반드시 선배에게 보여드릴 거예요."

유진의 눈가가 촉촉하게 젖어들었다.

"어쨌든 중요한 사실 중의 하나는 우리는 살아가면서 정말 많은 사람과 만나고 헤어지는 일을 반복한다는 거야. 우리가 인연을 맺은 수많은 사람들, 또 우리가 만난 적은 없지만 존경하고 좋아하는 많은 사람들. 그런 사람들이 우리 곁을 떠날 때도 역시 우리는 슬픔을 느끼지. 그렇게 우리가 사랑하는 많은 사람들이 시나브로 우리 곁을 떠나가고 있어. 아직 20대여서 잘 모르겠지만, 사람이 나이가 들면 새로운 만남보다는 이별에 더 많이 노출될 수밖에 없지. 그리고 그 아쉬움은 젊은 시절의 몇 배는 될 거야. 나도 얼마 전 외할머니가 돌아가셨거든."

J의 말끝이 흐려졌다.

"아, 참 많이 힘드셨겠어요."

세 사람은 J의 외할머니 이야기에 안타까운 표정을 지었다.

"저도 정말 외할아버지를 좋아했었는데, 어느 날 외할아버지가 돌아가신 뒤로 집안이 점점 어려워지더라구요. 그만큼 우리 집안의 든든한 중심이셨던 거죠. 참 많이 저를 아껴주셨는데."

유진은 외할아버지 생각에 그만 감정이 울컥했다. J는 유진의 어깨를 두드리며 다시 말을 이었다.

"유진의 심정 충분히 이해할 수 있을 거 같다. 하지만 나는 이별을 너무 슬프게만 받아들이지 않으려고 노력해. 그동안 많은 사랑을 받았기 때문에 이별이 더 슬픈 거잖아. 그러니까 어느 정도 슬픔이 잦아들면, 그동안 받았던 사랑에 대해서 그리고 그동안의 시간에 대해서 의미를 찾아보는 거지. 떠나간 사람들이 나에게 준 것들을 다시 한 번 기억함으로써 언젠가는 나 역시 떠나갈 사람들에게 어떤 의미가 될 수 있을지를 생각해보는 거야."

"자꾸 그렇게 이야기하시니까 앞으로 다시는 못 볼 사람 같잖아요."

"이별 뒤의 만남은 사실 그 어떤 것도 장담할 수 없어. 그러니까 항상 지금의 만남이 마지막일 수도 있다고 생각하고 함께 공유했던 이 순간을 최대한으로 즐기라고 말해주고 싶어. 다시 한 번 오늘 이야기했던 시간을 공유하는 마법에 대한 의미를 잘 살펴주기를 당부한다. 세 사람 모두 이번 연수의 마지막 순간까지 최선을 다하고 좋은 성과 거두기 바란다!"

"네! 그동안 정말 감사했습니다!"

"정말 감사합니다, 선배님!"

"꼭 다시 만나 뵙기를 희망합니다!"

유진과 서연 그리고 건우는 한손에 책을 든 채 반대편으로 걸어가는 J의 뒷모습을 물끄러미 바라보았다.

'오늘이 마지막이 될지도 모르는 만남. 나는 과연 선배와의 시간의 공유에서 최선을 다했을까?'

많은 생각들이 유진의 머릿속을 가득 메웠다. 유진은 그동안 노트에 정리해놓은 J의 이야기들이 자신의 인생을 바꾸어놓은 것 같다는 생각에 다시 한 번 마음 깊이 감사했다.

연수원에서의 마지막 밤이 그렇게 저물어갔다. 유진과 두 사람은 숙소 휴게실에서 이런저런 이야기를 나누며 연수 기간의 마지막 시간을 공유하고 있었다.

유진의 메모

마지막 미팅: 시간 공유의 마법

+ 시간의 공유: 개개인의 고유의 경험이 회사라는 틀 안에 모여서 어떤 시너지 효과를 발휘하는 것.

+ 시간의 공유에서는 다른 사람에 대한 배려 또는 양해가 우선되어야 한다.

+ 부부 사이에도 서로의 시간에 대한 배려와 서로의 꿈에 대한 배려가 함께 있어야 한다.

+ 아이의 시간도 배려해주어야 한다. 부모는 아이가 스스로 성장할 수 있는 분위기를 만들어주어야 한다.

+ 모든 인연은 만남과 헤어짐이 있으며, 헤어짐도 만남이 있기에 가능하다.

216

선배와의 이별

이별은 만남이 있었기에 가능한 것이다
만남이 없었다면 이별도 없다

드디어 연수의 마지막 날이 되었다. 아침식사 후 다 같
이 버스를 타고 근처 산으로 이동해서 제법 경사진 산을 등
산하는 것으로 마지막 날의 일정이 시작되었다.

산을 오르는 것은 인생을 오르는 것

대부분의 연수생들이 오랜만에 하는 등산에 숨이 턱까지 차
오르는지 헉헉거렸다. 아랑곳 않는 연수 담당자들의 다그침

에 눈물을 쏙 빼는 연수생들도 있었고, 더러 업혀 내려가는 친구들도 속출했다.

유진은 J의 가르침을 하나둘 정리하며, 또 자신의 미래를 그리며 숨이 턱턱 막히는 고통을 이겨보려 애썼다. 도저히 더 이상 오를 수 없어 몸이 저절로 주저앉혀질 때는 정말 울고 싶은 심정이 들기도 했다. 옆의 동료가 건네주는 초콜릿과 음료수로 다시 기력을 회복하고 나뭇잎을 흔드는 산들바람을 온몸으로 느끼며 신발 끈을 단단하게 동여맨 후 다시 힘차게 발걸음을 내디뎠다. 유진은 옆의 동료들이 없다면 어쩌면 불가능한 일일지도 모른다고 생각했다.

'아 이래서 등산을 하는구나. 옆의 동료들의 소중함도 느낄 수 있고.'

공부 외에 다른 건 생각할 수도 없던 시절 옆의 친구들의 힘이 컸었다는 J의 이야기가 떠올랐다. 유진은 앞서서 힘차게 오르는 동료들의 뒷모습을 보면서 다시 용기를 냈다.

"얼마 안 남았으니 기운 내세요!"

이미 정상에 오른 뒤 하산하는 사람들의 미소와 격려의 말이 더없이 고맙기도 하고 또 부럽기도 했다.

'나도 곧 저렇게 웃을 수 있을까?'

어느새 옆에 따라붙은 서연이 유진의 손을 잡아 이끌어 주었다. 두 사람은 서로를 의지하며 최선을 다했다. 맨 마지막, 밧줄을 잡고 오르는 바윗돌 코스. 유진은 죽을힘을 다해 줄을 당겼다. 밑에서는 서연이 엉덩이를 밀어주고 위에서는 건우와 동료들이 옷자락을 잡아 힘껏 당겨주었다. 유진은 그렇게 정상에 올랐다.

"아!"

유진의 입에서 탄성이 절로 흘러나왔다. 그늘진 산속을 걷다가 갑자기 확 트여 있는 정상에 오르자 푸르른 하늘과 바람과 나무들이 그림처럼 눈 앞에 펼쳐졌다. 더없이 기쁘고 감격적인 순간이었다. 정신을 차리고 주위를 둘러보니 이미 많은 사람들이 산 정상 여기저기에 자리 잡고 앉아 있거나 사진을 찍고 있었다. 심지어 어린아이의 뛰어다니는 모습도 보였다.

유진이 산 아래 있을 때는 이렇게 많은 사람이 정상에 올라 있을 거라고는 상상도 못했었다. 정상까지 오르면서 수십 번이나 그대로 올라야 하나 포기해야 하나 갈등하던 자신이

무척이나 부끄럽게 느껴지는 순간이었다.

'이게 바로 J선배가 말한 인생의 목표를 달성했을 때의
기쁨인가보구나! 인생을 산다는 건 산을 오르는 것과 같은
일인 것 같아! 끝도 보이지 않는 자기와의 싸움을 견뎌내야
하지만, 미래를 꿈꾸며 앞을 향해 나아가다보면 언젠가는 이
렇게 정상에 서듯이 내가 원하는 것을 이룰 수 있을 거야! 그

리고 내가 그토록 원하던 미래가 이 파란 하늘처럼, 이 싱그러운 바람처럼, 저 곧게 뻗은 나무처럼 그랬으면 좋겠다. 선배! 선배의 가르침, 정말 고맙습니다!'

유진은 J에 대한 감사와 함께 감격의 눈물을 흘렸다.

정상에서 내려온 일행은 산 아래 식당에 모여 점심식사를 한 뒤 다시 숙소로 돌아왔다. 연수생들은 각자 흘린 땀도 씻고 짐도 정리한 뒤 다시 대강의실으로 모였다.

운명의 시험

대강의실에서는 연수에 대한 평가와 함께 최종 시험이 진행되었다. 시험 시간은 한 시간, 문제는 61문항! 먼저 시험지를 받아든 앞자리의 연수생들이 한결같이 막막한 표정을 지었다. 유진도 받아든 시험지를 살펴봤다. 처음 보는 문제처럼 느껴졌지만 침착하게 다시 한 번 살펴보니 조금씩 문제를 이해할 수 있을 것 같았다. J의 말처럼 출제자의 의도를 파악하니 어렵지 않게 적절한 보기를 고를 수 있었다. 저작권 문제들도 답이 맞는지 확신할 수는 없지만, 문제를 모두 풀 수 있었다. 이제 남은 문제는 마지막 하나. 강사가 예고했던 대로 S상사의 최고의 가치에 대해 논하라는 문제였다.

'논하라? 그렇다면 정해진 답이 있는 게 아니군. 제시한 답안에 대한 논리가 더 중요할 것 같아.'

유진은 문제를 본 직후 J의 말대로 과연 S상사가 이 문제를 통해 원하는 게 무엇일까 고민했다. 그리고 그동안 진행했던 일정을 떠올렸다. 창의력 훈련, 과거의 틀을 깨는 브레인스토밍, 미래의 비전, 회사의 미래를 위한 기획 그리고 오늘 오전의 등산. 기업의 최고 가치, 기업에서 가장 중요하게 생각하는 것.

처음에는 동료들과 이야기했던 직원의 가치에 대해 생각했다. 그러나 고민을 해보니 그것보다는 더 큰 가치가 있을 것 같다는 생각이 들었다. 한참을 고민하던 유진은 마침내 확신이 선 듯 힘 있게 답안을 써내려가기 시작했다.

이윽고 종료를 마치는 알람이 울렸다. 이렇게 해서 치열했던 한 시간의 시험이 끝이 났다. 유진은 결과에 상관없이 최선을 다해 답안을 작성한 자신이 무척이나 대견하게 느껴졌다. 물론 합격에 대한 한 가닥 희망도 놓지 않았다. 제발 열두

계단만 더 올라갈 수 있다면, 그렇게만 되면 탈락하지 않을 수도 있을 텐데. 유진은 32등이라는 자신의 등수를 떠올렸다.

연수 담당자들이 서둘러 수료식을 준비하는 사이 한쪽에서는 전자기기를 동원한 채점이 이루어졌다. 연수생들은 각자의 자리에서 휴식을 취하며 결과에 촉각을 곤두세우고 있었다.

이윽고 연수를 종료하는 수료식이 이어졌다. S상사 사장이 직접 참석해 연수생들을 위한 격려의 말을 아끼지 않았다. 최초로 시행한 연수 방식의 신입사원 선발을 나름 성공적으로 평가한다는 자평과 함께 참여한 신입사원 후보들의 열정을 극찬했다. 그리고는 경생이 무척 치열했다, 합격자와 불합격자와의 차이가 그리 크지 않다, 혹시 불합격한 사람들도 실망하지 말고 다음 전형을 다시 기대해보라는 등의 말을 보냈다. 유진은 경쟁이 치열했다는 말에 숨이 막히는 듯했다. 주사위는 던져졌고, 이제부터는 운에 맡길 수밖에.

사장의 격려사에 이어 드디어 우수 수료자 시상 및 합격자 발표가 이어졌다. 연수 담당자는 뜸을 들이며 우수 수료자를 발표했다.

"이번 제1회 S상사 신입사원 선발 연수의 최우수 수료자는, 20번! 최서연 씨입니다."

놀랍게도 룸메이트인 서연이 최우수 수료자로 선정되었다. 유진은 자신의 일처럼 뛸 듯이 기뻐했다. 생각지도 않았던 상이라는 표정으로 서연이 단상 앞으로 나갔다. 그리고 유진을 바라보며 손을 흔들어보였다. 유진은 그런 서연이 자랑스럽기도 하고 부럽기도 했다. 생각해보면 서연은 지금껏 엘리트 코스를 밟아온 재원이었다. 그리고 J 역시 서연의 강인한 의지와 마음가짐에 칭찬을 아끼지 않았었다. 참된 인재를 가려내는 S상사의 연수 방식이 대단해보이기도 했다.

'역시 대기업은 다르구나. 어쩜 저렇게 보석을 잘 찾아내지?'

이제 합격자 발표가 이어질 시간이었다.

'에구, 이렇게 심약해서 뭘 하겠다고.'

유진은 쿵쾅대며 뛰는 가슴이 진정되지 않자 스스로를 책망했다.

강의실 뒤쪽에는 이 모든 상황을 지켜보고 있는 한 사람이 있었다. 바로 J였다. 단상에 올라가 있던 서연이 J를 알아

보고 손을 흔들었다. J도 가볍게 손 인사를 해주었다.

"2번, 34번, 27번……."

일부러 그러는 건지 아니면 성적순인지 순서가 뒤죽박
죽이었다. 번호가 불린 연수생들은 환호를 질렀다.

"13번!"

전날 같이 세미나를 했던 건우도 합격이었다. 유진은 건
우의 합격을 축하해주었다. 연수 담당자의 발표가 계속해서
이어졌다. 아직 유진의 번호인 10번은 불리지 않고 있었다.
앞에서 유진을 지켜보고 있는 건우와 서연의 표정도 초조해
져갔다.

유진은 두 눈을 꼭 감았다.

'하느님!'

"자, 이제 마지막 두 명입니다. 사실 20등과 21등 탈락자
와의 점수 차이는 2점밖에 나지 않았습니다. 그러니 탈락하
신 분들은 21등이라고 생각하시고 다음 기회를 꼭 준비하시
기 바랍니다. 저희도 기다리고 있겠습니다."

유진은 불안한 생각이 들었다. 나의 행운은 여기까지인
걸까? 유진은 두 손을 힘 있게 마주잡았다. 순간 세미나실에

정적이 감돌았다.

"마지막 두 명의 합격자는 사, 십, 번! 그리고…….."

유진은 눈을 감은 채 숨을 멈췄다.

"십…….."

건우, 서연, J의 눈빛이 모두 유진에게로 향해 있었다.

"칠…… 번! 마지막은 17번입니다. 이상 스무 명, 축하합니다!"

유진의 눈에 그만 눈물이 핑 돌았다. 시간이 멈춘 것만 같았다. 그동안의 노력이 이렇게 허사가 되고 마는 것인가? 혹시 마지막에 쓴 회사의 최고의 가치에 대한 자신의 답안이 회사가 원하던 게 아니었나? 이런저런 생각들이 실타래처럼 뒤엉켜 유진의 머릿속을 가득 채웠다. 멀리서 지켜보던 J도 안타까운 심정으로 뒤돌아서서 강의실을 빠져나갔다.

유진이 탈락자들에게 주는 교육 참가비와 교통비를 수령하는 동안 룸메이트와 건우 그리고 J가 어느새 유진의 뒤쪽에 와 기다리고 있었다.

"선배! 저 괜찮아요. 사실 오늘 시험 굉장히 잘 봤거든요. 그런데 다른 참가자들이 완전 뛰어났던 거 같아요. 그래서 그렇게 슬프지는 않아요."

유진은 담담한 표정으로 J에게 소감을 말했다.

"강의실 문이 열려 있기에 들어가서 발표 장면을 죽 지 켜봤지. 안타깝다. 하지만 처음부터 쉽지 않은 싸움이었다는 거 너도 알지? 사실 나도 오늘 이 자리까지 오는 동안 좌절을 많이 겪었지. 귀국해서 처음 만든 벤처 기업이 석 달 만에 폐업 신고를 해야 했던 적도 있었거든. 어쨌든 유진이나 나나 우리는 시간의 마법을 알고 있는 사람이잖니? 이런 실패들이 더 큰 발전의 계기가 될 거야. 나도 그때의 실패를 거울삼아 지금 이렇게 살아가고 있는 거고."

"그래, 유진아! 지금까지 네가 우리에게 보여준 노력을 보면 우리도 네가 반드시 성공하리라고 믿어!"

"유진, 다음번에 꼭 다시 지원해. 내가 반드시 추천할게!"

서연과 건우의 조언에 유진은 고개를 끄덕였다.

"하하! 유진인 이렇게 훌륭한 친구가 벌써 두 명이나 생겼네. 시간의 마법을 아는 사람들은 인생을 어떻게 하면 현명하게 살아갈 수 있는지를 알 수 있지. 유진이 너는 확실히 달라진 인생을 살게 될 거야. 자, 우리 10년 후에 발전한 모습으로 다시 만날 수 있기를 다짐해보자."

"네, 선배! 물론이에요. 10년 후 달라진 제 모습을 꼭 기대하세요!"

서울로 떠나기 위해 진행 측에서 차편을 준비하는 동안 연수생들은 리조트 이곳저곳에 모여 연수에 대한 다양한 소감을 주고받았다. 유진은 천천히 주위를 둘러봤다. 한 명 한 명의 얼굴과 그 사람들만의 사연과 생각들이 떠올랐다. 참으로 다양한 사람들이 모여 있었다. 몇 번의 고배를 마신 연수생도 보이고 유명 통신사를 다니다 왔다는 연수생도 보였다. 모두들 좋은 사람들이었다. 몇몇 친구는 모여서 밝은 표정으로 사진을 찍고 있었다. 옆에서는 서연과 건우가 J와 함께 열심히 이야기를 나누고 있었다.

유진은 오전에 산 정상에서 만났던 사람들의 모습을 떠올렸다.

'어쩌면 여기가 하나의 작은 산일지도 몰라. 몇몇은 지금 정상을 정복한 기쁨을 누리고 있고, 또 나를 비롯해 정상에 모르지 못한 몇몇은 그 기쁨을 같이 나누지 못하고. 하지만 정상에서의 기쁨도 잠시, 내일부터는 또 다른 등산이 시

작되겠지. 그리고 앞으로 우리는 얼마나 더 많은 정상을 향해 산을 오를까?'

마음속으로 유진은 앞으로 어떤 도전도 헤쳐 나갈 준비가 되어 있다고 당당하게 소리쳤다.

선배와의 마지막 인사

"마음의 정리는 좀 되었니?"

어느새 J가 유진의 옆에 다가와 있었다.

"네, 그럼요! 선배 덕에 저 아주 용감해졌어요. 며칠간 함께한 선배와의 10분의 만남이 마치 10분의 마법처럼 정말 내 인생에 많은 영향을 준 것 같아요. 벌써 각오가 달라졌거든요. 특히 오늘 힘들게 등산하는 동안 선배가 해주었던 많은 이야기들이 주마등처럼 스쳐가더라구요."

"10분의 힘이란 게 바로 그런 거야. 그리고 시간의 마법도. 난 네가 항상 그렇게 희망을 안고 행복했으면 좋겠다. 지금의 다짐처럼 앞으로도 열심히 하겠다고 나와 약속할 수 있겠니?"

"네! 당연히 약속할 수 있죠. 제가 변한 모습을 선배에게 꼭 보여주고 싶어요."

"말로만 하면 안 되고, 항상 기록으로 그 다짐을 남기도록! 여기 나의 메모 노트에 너의 그 다짐을 적어줘."

J는 자신의 메모 노트를 유진에게 내밀었다. 자신이 아낀다는 그 몽블랑 펜과 함께.

"네, 그런데 잠시만 뒤로 돌아서 계세요. 창피하니깐."

J는 허허 웃으며 일어나 창가로 자리를 옮겼다.

유진은 잠시 머뭇거리다가 빠른 글씨로 적어 내려가기 시작했다.

시간의 마법은 정말 경이롭습니다.

이번 연수를 통해 시간의 마법에 걸려 있는

내 자신의 모습을 잘 알게 되었습니다.

앞으로는 시간의 마법을 잘 이겨내고

내가 꿈꾸는 10년 후의 목표를 향해 노력할 것을

다짐합니다.

선배, 지켜봐주세요.

꼭 꿈을 이룬 제 모습을 보여드리도록 하겠습니다.

정유진 드림

J는 유진으로부터 노트와 볼펜을 건네받고는 흐뭇한 표정을 지었다.

"그래. 꼭 지켜볼게. 네가 쓴 글처럼 네가 꿈을 이루어가는 모습을 계속해서 지켜보고 있을게. 그럼 행운을 빈다!"

J는 울리는 전화를 받으며 주차장 쪽으로 걸어갔다.

유진은 J가 시야에서 사라져가는 모습을 보면서 다시 그를 만날 때는 반드시 자신의 달라진 모습을 보여주겠노라고 굳세 다짐했다.

그 이후의 이야기

월요일이었다. 유진은 10분의 약속을 실천하기 위해 오늘도 아침 산책을 하고 돌아오는 길이었다. 문을 열고 들어서는데 식탁 위에서 벨소리가 요란하게 울리고 있었다. 전화기에는 이미 여러 통의 부재중 전화가 와 있었다. 유진은 재빨리 전화를 받았다.

"여보세요?"

"정유진 씨 되십니까?"

"네, 맞습니다만."

"아니 왜 이렇게 연락이 안 됩니까? S상사 인사팀 박 과장이라고 합니다. 저희가 주말에도 여러 번 전화를 드렸는데요."

사실 유진은 마음을 정리하기 위해 주말 동안 진해에 내려가 있었다. 옛 친구 집에 머물면서 휴식과 함께 이런 저런 계획도 세웠다. 다만 깜빡 잊고 충전기를 가져가지 않아 주말 내내 전화기가 꺼져 있었던 것이다.

갑작스런 인사팀 담당자의 전화, 그것도 이른 아침의 전화에 유진은 몹시 당황스러웠다.

"이번 주부터 출근 가능하시죠?"

유진은 또다시 놀랐다. 어떻게 된 일인지 묻자, 사장님의 특별 채용 지시가 있었다는 것이다. 바로 마지막 주관식 문제에 대한 답변이 매우 인상적이었다는 게 그 이유였다.

다시 찾아온 기회

"사장님께서 정유진 씨의 답안을 직접 보게 되셨는데, 왜 이런 훌륭한 답안에 가점을 주지 않았냐고 저희가 오히려 꾸중을 들었죠. 사실 객관식 시험은 정유진 씨가 만점이었어요.

그러니까 필기시험 점수 120점을 다 받으신 거죠. 주관식은 동점이 있을 경우 가점을 주기 위한 취지로 특별히 정답이 없는 형태로 출제한 건데, 유진 씨의 경우 이미 객관식에서 만점이어서 채점 위원들이 크게 신경을 쓰지 않았었죠. 왜냐하면 더 이상 줄 가점이 없으니까요.

사실 저희도 이렇게 만점자가 나오거나 만점자가 떨어지리라고는 생각지도 못했죠. 이번 경우처럼 가산점을 더 받지 못해서 좋은 성적을 얻었음에도 근소한 점수 차이로 떨어지는 경우는 분명 전형 절차에 문제가 있는 거라는 내부 의견이 많았습니다. 특히 사장님께서 정유진 씨 답안에 감동하신 것 같습니다. 정말 인상적이었고 많은 걸 깨달으셨다고 하시면서 우리 회사에 꼭 필요한 인재라고 하시더군요. 하여튼 혼란을 드려서 정말 죄송합니다. 정유진 씨만 괜찮다면 오늘 오전 10시 신입사원 입사증 수여식에 참석해주시면 감사하겠습니다."

인사팀 담당자는 매우 미안해하면서 전화를 하게 된 이유에 대해 상세하게 설명했다. 전화 건너편으로 들려오는 목소리를 듣는 동안 유진의 뺨으로 감격의 눈물이 흘러내렸다.

유진은 사실 마지막 문제의 답을 쓰기 위해 매우 고민했었다. 친구들과 함께 고민했던 것처럼 직원에 초점을 맞출 것인가, 아니면 자신이 교육 과정을 통해 깨달은 S상사의 교육 커리큘럼 철학에 대해 쓸 것인가. 결국 유진은 가장 중요한 가치는 시간이라고 결론을 내렸다. 아니 시간이 되어야만 한다고 생각했다.

유진은 브레인스토밍, 자기 성향 분석, 시사 상식, 미래학 특강 그리고 과거, 현재, 미래에 대한 고찰 등등 연수 과정의 큰 축을 이루는 주제는 바로 시간이라고 생각했다. 그리고는 나약한 사람들을 지루하고 지치게 만드는, 또 아쉽게 흘러가버린 과거를 언제나 그리워하게 만드는 시간에 대해서 썼다. 강인한 사람들에게 시간은, 과거를 잊고 미래의 희망을 꿈꾸며 언제나 새로운 도전을 할 수 있도록 기회를 제공하는 것이라고 썼다. S상사는 그런 시간의 가치를 중요시 하며, 과거의 영화에 빠지지 않고 변화하는 미래에 대해 도전하고 있다고 말이다. 그리고 이번 연수를 통해서 무엇보다도 중요한 시간의 가치를 깨닫게 되었으며, 미래의 비전을 향해 S상사와 함께 도전하고 싶다는 요지의 답변을 일목요연하게 적었다.

채점을 한 직원 역시 생각지 않았던 관점의 답안이라 그리 중요하게 여기지 않았던 것이다. 그러나 사장의 생각은 달랐다. 실제로 시간은 S상사가 중요하게 여기는 것이었으며, 신입사원 후보의 통찰력 있는 시각에 감탄한 것이다. 그래서 유진이 받은 점수가 불합리하다고 판단하고 이를 인사팀에 지적했었다.

드디어 신입사원 입사식에 참석하게 된 유진. 서연과 건우 역시 생각지도 않았던 유진의 등장에 몹시 놀라며 이 뜻밖의 재회에 감격의 눈물을 흘렸다. 유진에게도 이제 인생의 목표가 생겼다. 이제 첫 발을 내딛는 신입사원에게 J선배의 여러 조언을 적은 메모장과 다이어리가 지침서 역할을 할 것이다.

유진은 회사에서 인정받기 위해 많은 노력을 했다. 특히 글로벌 인재가 되고자 영어 습득을 위한 10분의 노력을 게을리 하지 않았다. 부족한 기초를 위해 몇 달간 학원을 다니며 기초를 쌓은 후, 매일 아침 출근길에 CNN 뉴스와 각종 사이트에서 제공하는 콘텐츠들을 활용해 10분 이상씩 공부했다. 또 그 결과를 매일 정리해두고 주기적으로 반복했다. 또

한 외국 바이어들에 대한 프레젠테이션을 위해 매일 10분씩 동료들 앞에서 영어로 발표하는 노력도 게을리 하지 않았다. 그러는 사이 유진의 영어 실력은 상당한 수준이 되었다. 이제는 S상사의 상품에 대한 설명을 언제 어디서 누굴 만나든 직접 영어로 할 수 있게 되었다.

또한 대외적인 활동을 좀더 열심히 하기 위해 그리고 여자는 약해서 영업에 취약하다는 지적을 받지 않기 위해 매일 10분의 체력 단련도 잊지 않았다. 업무가 바빴기 때문에 가급적 회사 내 운동 시설을 활용했으며, 전문가의 조언을 통한 체계적인 운동 프로그램을 통해서 근력과 심폐 능력의 강화를 도모하는 10분 운동 프로그램을 아침이나 저녁 시간에 빠지지 않고 실행했다.

또한 비즈니스를 위한 사교적인 목적으로 피아노와 바이올린 같은 클래식 악기 교습도 받았으며, 아름다운 목소리를 갖기 위해 보컬 훈련을 통한 10분의 노력도 함께 했다. 비록 하루 중 짧은 10분의 시간이지만 몇 년을 꾸준히 노력한 결과 유진은 적어도 비즈니스를 위한 소셜 파티에서 자신의 매력을 충분히 발휘할 수 있는 정도의 장기를 가질 수 있게 되었다.

회사 업무도 남달랐다. 장기적인 비전을 가지고 단순히 자신에게 주어진 일뿐만 아니라, S상사의 모든 사업 분야에 관심을 갖고 적극적으로 업무를 습득했으며, 새로운 정보를 얻기 위해서라면 힘든 해외 출장도 마다하지 않았다. 특히 미래를 위한 새로운 비즈니스에 많은 관심을 가졌다. 그것은 곧 과거가 되어버릴 현재에 대한 최선이었으며 자신과 시간을 공유하는 조직에 대한 약속이었다. 유진을 선택한 사장 역시 유진의 활동에 큰 관심을 보이고 있었다.

유진은 새로운 사업을 기획했고 과감하게 사내 벤처로 제안하기도 했다. 그것은 스마트 단말기를 이용한 개인화된 패션 유통 비즈니스로, 너무 새로운 시도라 회사에서도 논란이 있었지만 동기들의 지지에 힘을 얻어 사장 등 임원진을 대상으로 프레젠테이션을 훌륭하게 해내면서 드디어 회사에서 준비해준 조그만 공간에 간판을 내걸 수 있었다. 물론 사내 벤처라는 일이 그리 순탄하지만은 않았다.

꿈에 대한 새로운 도전

이미 나이도 있고 사내 기업은 매출을 내지 않으면 자신의 월급도 보전하기 힘들어서 가족들을 부양해야 하는 유진으로써는 쉽지 않은 선택이었다. 그래도 최고의 패션 전문가라는 미래의 자신의 비전을 이루기 위해서는 현 사장의 후원을 받는 지금이 가장 적절한 기회라고 생각했다. 동기로서 승승장구하는 서연과 건우 역시 유진의 독립을 지지하며 임원들을 설득했다.

유진은 J선배의 노트에 적혀 있는 '지금 시작하면 10년 후에 기뻐할 것이고, 지금 포기하면 10년 후에 슬퍼할 것이다'라는 말을 다시 한 번 노트에 옮겨 적으며 용기를 냈다.

유진은 새로운 사업을 시작하면서 결혼도 했고 아기도 낳았으며, 좀더 전문성을 확보하기 위해 패션 마케팅 분야의 학위를 위한 공부도 시작했다. 복학한 학생들보다 훨씬 나이도 많았고, 새롭게 배우는 생소한 과목들의 시험과 과제물로 힘겹기도 했다. 하지만 시간의 마법을 통해 공부와 육아의 어려움을 극복해나갔다.

그러나 너무 욕심을 부린 탓일까? 어느 날 유진은 배를 잡고 쓰러졌고 괴로워하며 응급실로 실려 갔다. 당시 의사 말로는 꽤 심각한 상태라며 적어도 1주일은 병원에서 치료를 하며 휴식을 취해야 한다고 했다. 유진은 자신이 빠지면 회사 일에 차질이 생길까봐 그리고 집안 일이 엉망이 될까봐 병상에서도 발을 동동 굴렀다.

누구나 삶의 무게로 쓰러질 때가 있다

그때 문병을 온 누군가가 있었다. 다름 아닌 바로 J였다. 유진은 무척 놀랍기도 하고 고맙기도 했다. J는 안부와 함께 유진에게 편지 하나를 건넸다.

"이 글을 잘 간직했다가 힘들 때마다 읽었으면 좋겠다. 사실 내가 내 아내와 그리고 내 아이들에게 늘 하는 말이야. 너에게 주려고 다시 한 번 정리했다."

편지를 받은 유진의 손에 선배의 마음이 따스하게 전해 왔다. 서둘러 펼쳐본 편지의 내용은 다음과 같았다.

90점 인간이 되자!

사람이 살아가는 데 가장 중요한 것은 돈도 아니고 사랑도 아니다. 바로 건강이다. 내 한 몸 건강하다는 게 실은 얼마나 큰 행복인지 모를 것이다. 그런데 자신이 하는 모든 일에서 100점을 받고자 하는 사람의 욕심은 결국 자신의 건강을 해치게 된다. 열심히 사는 사람일수록 특히 그렇지.

육아를 하면서도 반드시 100점일 필요는 없다. 90점짜리도 충분히 훌륭한 엄마다. 너무 완벽하게 아기를 키우고 보살피려고 하다보면 엄마의 몸은 모두 부서져 버리고, 그렇게 되면 아이가 커서 정작 엄마를 필요로 하는 순간에 해주고 싶어도 잘해줄 수가 없다.

입시를 준비하는 학생이라면 모를까, 일도 하면서 공부를 하는 사람이 굳이 100점을 받고자할 필요가 없다. 90점짜리 학생도 충분히 훌륭하다. 혼자의 힘으로 완벽하게 과제도 해내고 시험도 보고, 그렇게 해서 다른 학생들보다 뛰어나서 교수님께 인정도 받으려면 엄청난 노력이 따라야 하는데, 그러면 결과적으로 내가 하는 일과 나의 건강에 지장이 생길 수밖에 없다.

100점과 90점은 천지 차이다. 100점을 받기 위해 해야 하는 노력이 100이라면, 90점을 받기 위해서는 50의 노력과 즐길 수 있는 마음이면 된다.

인생의 모든 것은 시간의 싸움이며 결코 지금 이 순간 결정을 내는 게 아니라는 말이다. 지금 너무 완벽한 엄마, 완벽한 학생이 되려고 하지 마라. 시간의 마법을 믿는다면 주어진 상황에서 최고가 아닌 최선의 노력만으로도 충분하다.

타인에게 나를 과시하기 위해서 자신을 희생할 필요는 없다. 타인의 눈에 맞추기 위해 사는 게 얼마나 신경 쓰이고 피곤한 일인지 모를 것이다.

타인은 기본적으로 나에게 관심이 없다는 사실을 명심해라. 남이 나를 어떻게 볼지 고민하기보다는, 내 스스로 좀더 건강하고 즐겁게 살 수 있도록, 자신이 처한 상황과 능력을 인정하며 좀더 자신에게 솔직해지는 일이 필요하다.

우리가 살아가는 가장 큰 이유는 바로 오늘 행복하기 위해서라는 점을 명심해라.

편지를 읽은 유진의 두 눈에 가득 눈물이 고였다. 편지의 내용에는 후배에 대한 선배의 애정이 가득 담겨 있었다.

"어쩜 이렇게도 제 마음을 다 읽고 있죠? 맞아요. 제가 좀 일중독이기도 하고 자존심이 강해서 남에게 지기 싫어하는 편이기도 하죠. 직장에서도 싫은 소리 듣지 않으려고 모든 사람의 반응에 신경을 썼고, 대학원에서도 성적을 잘 받으려고 그 어려운 시험공부 신경 쓰느라 남편과 아이에게 짜증도 많이 냈구요. 우리 아이가 가장 예쁘다는 이야기도 듣고 싶었고, 아이가 조금만 칭얼거려도 안고 얼러주느라 항상 팔목이며 무릎이 시큰거렸죠. 늘 너무 힘들고 지쳐서 옆에서 방관하는 남편도 많이 원망하고 그랬는데, 이게 다 제 욕심에서 비롯된 거였군요. 그리고 그 욕심 때문에 제 몸과 마음이 아팠던 거구요."

유진의 양쪽 볼을 타고 눈물이 흘러내렸다. J는 유진의 심정을 충분히 이해할 것 같았다.

"나도 너와 비슷한 경험을 했었지. 대학에서 강의를 하는 내 아내도 마찬가지고. 많은 사람들이 100점의 욕심 때문에 정말로 힘든 시기를 겪으면서 살아. 사실 언젠가는 네게 이 말을 해주고 싶었어. 인생을 열심히 사는 사람들은 적어도 한 번쯤 갑자기 무거워진 자신의 삶의 무게로 힘들어하는 순간을 맞게 되는데, 유진에게는 지금이 딱 그 시기인 것 같다. 나와 내 와이프가 같이 쓰는 다이어리의 맨 첫 장에 이 편지의 내용이 적혀 있어. 우리도 힘들고 지칠 때 이 편지를 보면서 위안을 얻곤 해. 우리가 조금만 욕심을 버린다면, 그러니까 너무 100점이 되려고 애쓰지만 않는다면 인생이 훨씬 편안하고 즐거울 수 있을 거야. 인생에서 제일 중요한 건 바로 자기 자신이야. 자신을 아끼고 사랑할 수 있어야 해. 그런 다음 나머지를 즐기는 거야."

J의 따뜻한 말에 병상에 누워 있는 유진은 무거운 짐을 조금이나마 덜어낸 것 같았다.

'자신을 아끼고 사랑하라.'

유진은 인생에서 가장 중요한 것은 자기 자신이라는 J의 말을 되뇌었다.

시간의 마법이 가져온 변화

그렇게 10여 년의 세월이 흘렀다. 유진은 마침내 박사 학위도 받고 회사의 규모도 100억 원 수준의 매출로 성장시키면서 본인이 꿈꿔왔던 10년의 목표를 이루어냈다.

아무도 유진의 힘들었던 과거에 대해서는 짐작하지 못했다. 학비를 낼 수 없어 대학 진학을 포기하려 했다는 사실도, 하루 벌어 하루 사는 어려운 생활을 했었다는 사실도 몰랐다. 어쩌면 아무도 관심이 없었는지 모른다. 지금 사람들이 알고 있는 유진의 모습은 마케팅 박사이자 기업의 CEO이며 대학 강사라는 것뿐이다.

만약 10년의 노력이 없었다면 지금 유진의 모습은 어땠을까? 유진도 가끔 그런 상상을 해본다.

내가 리포터 생활에 만족하며 하루하루를 보냈다면?

내가 지레 겁먹고 S상사 지원을 포기했다면?

내가 일에 치여 학위를 받지 않았다면?

내가 미래의 꿈을 꾸지 않고 현실에만 안주했다면?

유진의 나이 어느덧 40대. 사람들은 과거의 나이 어린 그녀가 아닌 오히려 지금의 그녀를 더 칭송하고 존경한다. J가 알려준 시간의 마법은 유진으로 하여금 하루하루 늙어가는 자신의 모습을 한탄하는 사람이 아닌, 늘어가는 주름살마저 존경받는 그런 사람으로 만들어놓았다. 유진은 앞으로 50대

가 되어서도 이룰 수 있는 또 다른 꿈을 꾸며 지금도 노력 중이다.

유진은 확신한다. 시간의 마법이 어느 날 꿈을 이루고 뿌듯해하는 자신의 모습을 볼 수 있게 해줄 거라는 사실을.

인터뷰를 마치고

유진이 이야기를 마치자 잠시 침묵이 흘렀다.

강 기자는 매우 상기된 표정이었다.

"오늘 선생님과 또 선생님의 선배님의 이야기를 들으면서 정말 많은 것을 느꼈습니다. 그동안 힘들어하며 의미 없이 살아온 날들이 아쉽기만 합니다. 사회생활이 원래 다 그런 거라고 치부하며 반복되는 일상에 짜증내면서 허우적거리던 제 인생들. 바로 시간의 마법이 저를 나태하게 하고 포기하게 함으로써, 그렇게 제가 정신을 못 차리는 사이 엄청난 시간을 빼앗아버린 거군요."

강 기자의 머릿속에 유진의 인생과 자신의 인생이 교차되어 흘러갔다. 눈시울이 뜨거워지는지 강 기자는 안경을 벗어 손수건으로 눈을 꾹꾹 눌렀다. 말없이 그런 모습을 바라보고 있던 유진이 가방에서 뭔가를 찾아 꺼냈다. 다이어리였다.

"강 기자님이 현실에 지쳐 괴로워하는 이야기를 듣는 순간, 선배가 병원에서 내게 건네준 편지가 떠올랐어요. 그 당시 저는 새로 시작하는 사업도 욕심이 났고, 또 늦게 시작한 공부에서도 어린 학생들에게 뒤처져 무시당하고 싶지 않았거든요. 밤늦게까지 책과 씨름하면서도 회사 일과 육아, 무엇 하나 포기할 수 없었죠. 항상 시간이 부족했고 신경 써야 할 일이 산더미 같았어요. 결국 신경성 위경련과 기관지염으로 응급실에 실려 갔던 거죠. 병실에 갇혀 있는 동안 선배에게 사는 게 너무 힘들다고 문자를 보냈는데, 정말 고맙게도 병원까지 직접 찾아오셨더군요. 그 편지의 내용이 바로 '90점 인간이 되자'라는 이 편지입니다. 전 지금도 항상 이 편지를 지니고 다녀요."

유진이 다이어리를 열어 앞 장에 끼워져 있는 종이를 꺼내어 강 기자에게 보여주었다.

강 기자는 편지를 받자 다시 안경을 고쳐 쓰고는 천천히 읽어나갔다. 얼마가 지났을까. 강 기자가 입을 열었다.

"나를 아끼고 사랑하는 방법들, 직장과 가정에서 즐길 줄 아는 90점짜리 인생! 결국 이 모든 노력이 내가 나를 사랑하는 마음에서 시작되어야 한다는 거군요. 선생님과의 오늘 인터뷰를 통해서 이제 제가 어떻게 살아야 할지 실마리를 찾은 것 같습니다. 시간의 마법을 통해서 저도 무엇이든 할 수 있다는 자신감도 얻었구요. 10분의 마법을 어떻게 써야 할지도 벌써부터 머리에 그려집니다. 아! 몇 년 후의 제 모습이 어떻게 변해 있을지 벌써부터 기대감에 가슴이 벅차오네요!"

강 기자는 한결 밝아진 얼굴로 이야기를 했다.

"제 꿈에 대해 생각하니 선생님이 산 정상에서 보셨다는 그런 파랗고 확 트인 하늘을 저도 한번 보고 싶다는 생각이 들었습니다. 이번 주말에는 가까운 산에라도 올라봐야겠어요. 정상에 올라 하늘을 보며 성취감도 느껴보구요. 또 꿈을 이루어 앞으로 달라질 제 모습을 그리면서 소리 높여 외쳐보고 싶습니다."

두 사람이 서로의 인생에 대해 이야기를 나누며 시간을 공유하는 동안 강 기자의 닫혀 있던 생각의 틀이 어느새 활짝 열리면서 유진의 경험을 자연스레 받아들이고 있었다.

몇 주일 후, 유진은 두 통의 우편물을 받았다.

한 통은 인터뷰를 진행했던 신문사에서 보내온 최신호 잡지였다. 봉투를 열어 조심스레 꺼내 보니, 특집기사로 실린 유진의 시간의 마법에 대한 표제가 큼지막하게 눈에 들어왔다.

유진은 흐뭇한 마음으로 페이지를 넘겼다.

'선배가 나의 메모장을 보며 이런 느낌이었을까?'

일목요연하게 정리된 유진의 성공 과정과 시간의 마법에 대한 사연이 두 페이지에 걸쳐 정리되어 있었다.

현대 사회는 부가 행복의 절대적 기준인 양 사람들을 설득하고 다른 사람들과의 비교를 통해 상대적 소유욕을 자극함으로써, 사람들을 좌절감과 박탈감에 빠트려 더더욱 시간의 마법에 빠져들게 한다. 행복을 가진 것 나누기 욕망의 크기라고 했을 때 분명 예전보다 사람들의 소득 수준은 높아졌지만 행복해졌는지는 확신할 수 없다. 분모인 욕망이 따라서 커졌기 때문이다. 100여 년 전 케인즈가 그랬고, 법정 스님이 그랬듯이 스스로 행복해지기 위해서는 욕망에 대한 가치관의 변화가 필요하다.

정유진 박사는 이에 대한 해결 방안으로 100점이 아닌 90점을 목표로, 행복의 기준이 다른 사람의 시선이 아닌 스스로의 만족이 되어야 함을 강조한다. 또한 지나간 과거에 집착하지 말고 10년 후 나를 위한 계획을 세우고 이를 달성하기 위해 오늘 10분의 약속을 실천하는 작은 변화로 일상에 매몰되는 시간의 마법에서 벗어날 수 있다고 확신한다.

매일매일 바쁘고 지루한 일상이 반복된다면, 불안과 불만이 쌓여만 간다면, 뭔가 변화의 계기를 찾고 싶은데 쉽지 않다면 정유진 박사의 조언에 따라 시간의 마법에서 벗어나고 이를 적극적으로 활용하기 위해 노력해보자.

유진은 기사를 읽는 내내 그동안의 자신의 노력이 투영되어서인지 가슴이 뭉클했다. 그리고 짤막하게 적힌 강 기자의 감상에 더욱 감동했다. 강 기자 본인의 인생도 인터뷰를 통해 깨달음으로 크게 바뀌었다는 내용이었다. 미래의 꿈을 다시 그려보고, 시간의 마법을 활용해 편안한 마음으로 꿈을 위해 노력할 수 있게 되었다고 했다. 글을 통해서도 강 기자의 행복이 느껴지는 것 같았다. 그리고 유진은 또 한 사람이 시간의 마법을 알게 되었다는 사실에 뿌듯했다.

두 번째 편지를 살펴봤다. 항공 우편이고 발신자는 없었다. 소인으로 보니 호주에서 온 편지였다. 봉투를 열어본 유진은 놀라지 않을 수 없었다.

편지 안에는 유진이 신입사원 연수 때 J에게 써주었던 서약서와 함께, 꿈을 이룬 것을 축하한다는 메시지와 자신의 새로운 미래는 호주에 있다는 내용의 짤막한 글이 담겨 있었다. 바로 J선배의 편지였다.

'선배는 지금까지도 내 서약서를 간직하고 있었구나!'

더없이 고맙기도 하고, 또 10여 년 전의 다짐을 보게 되니 지금의 자신이 더 자랑스럽게 느껴졌다. J는 외국에서도 유진의 최근 소식을 듣고 있었던 모양이었다. 어쨌든 꼭 성공해서 선배 앞에 다시 나타나리라는 자신과의 약속을 이렇게라도 지킨 셈이었다.

편지의 내용대로 J는 또다시 새로운 인생의 도전을 위해 머나먼 나라로 떠났다고 했다. 참으로 대단한 사람이라고 생각하며 유진은 그가 해주었던 만남과 이별에 대한 이야기를 새삼 다시 떠올렸다.

'이별은 만남이 있었기에 가능한 것이다. 만남이 없다면 이별도 없다.'

유진은 이별이 있으니 다시 만날 날도 있을 거라며, 앞으로 또 10년의 꿈을 이룬 뒤 다시 선배를 만나리라고 다짐했다. 그리고 시간의 마법이 자신을 어떻게 변화시켰는지 말해주리라고 생각했다.

작가의 글

내 인생을 바꾼 시간의 마법

처음 이 책을 기획하면서 특별하지 않은 한 사람의 이야기를 다른 사람들을 위해 쓴다는 게 무척이나 조심스러웠다. 그러나 한편으로는 인생을 살아오면서 나의 멘토에게서 받은 깨달음과 실제로 겪은 엄청난 변화들 그리고 나로 인해 함께 큰 변화를 만들어가는 사람들을 보면서 좀더 많은 사람들이 이 이야기를 통해 도움을 얻었으면 좋겠다는 마음이 생기기도 했다. 용기를 내어 한 줄 한 줄 최선을 다해 나의 이야기를 옮겼다.

이 책은 많은 부분 실제 나의 삶을 소재로 했다. 생계를 위해 고생하며 방황하던 젊은 날의 많은 시간들. 그 시간들을 지금처럼만 사용했더라면 나는 또 다른 사람이 되어 있을지도 모른다.

하지만 본문에서도 이야기했듯이 과거에 연연할 필요는 없다. 중요한 것은 '지금의 나'다. 우리는 시간의 마법에 걸려 있기 때문에 단조로운 일상을 보내는 동안 자신이 생각지도 못했던 미래가 성큼 다가와 있는 것이다. 그러니 지금이라도 시간의 마법을 활용해야 한다.

이 글에 나오는 선배는 사실 나의 오랜 벗이자 실제 멘토다. 20대 후반, 그를 만나게 된 이후 나의 인생에는 정말 많은 변화가 일어났다. 언젠가 모교에서 있었던 '성공한 선배와의 만남'이라는 행사에 초청되어 간 적이 있었다. 은사님은 내가 이렇게 후배들에게 강의를 하는 사람이 될 줄은 몰랐다며 격려를 아끼지 않으셨다.

성공한 사람들의 대부분은 두 부류로 나뉜다. 한쪽은 타고난 천재여서 남과 다른 비범한 능력을 보이는 사람들, 다른 한쪽은 평범하지만 대단한 적극성과 성실함으로 남들보다 뛰어난 성과를 거두는 사람들. 나의 멘토는 후자에 가깝다. 그렇기 때문에 그의 말은 사람들에게 훨씬 더 공감을 주고 또 실제로 많은 사람들의 인생에 영향을 끼쳤다.

멘토로부터 시간의 마법에 대해 처음 들었을 때 나로서는 정말 충격이었다. 10분의 마법. 처음에는 물론 쉽지 않았다. 나는 멘토에게 거의 이끌려가다시피 했다. 서른이 넘은 나이에 석사 학위를 위한 원서를 내면서, 또 다시는 안 볼 것 같던 토플 책을 펼치면서 이런 노력이 다 무슨 소용인가 싶었다. 그렇잖아도 "서른, 잔치는 끝났다"는 생각에 허무하고 우울한 나날들을 보내면서, 더군다나 시험과 과제물로 지친 날들을 보내면서 내 스스로에 대한 의심으로 하루에도 몇 번씩 포기하고 싶은 마음이 들었다. 아무리 애를 써도 끝나지 않을 것만 같던 힘겨운 시간들. 도무지 학위를 취득할 수 있을 것 같지 않던 불안한 날들이 이어졌다.

그러나 멘토의 격려와 또 그의 학습 이론에 따른 세미나 — 실제로 그는 같은 과목 책을 한 권 더 사서 같이 공부를 해서 나의 세미나를 들어주고 또 조언해주었다 — 를 의지하며 나와 약속했던 '10분의 마법'을 지키기 위해 노력했다. 그런 시간 속에서 결국 나는 석사 학위를 받았고 — 그것도 훌륭한 성적이었다! — 학위 수여식 날, 나는 정말 새로 태어난 것 같은 감격에 휩싸였다.

석사 학위를 받은 뒤 나는 다시 일상으로 돌아갔고 일에 전념했으며, 그 과정에서 그동안 노력을 통해 부쩍 생각의 폭이 넓어진 나의 모습을 발견할 수 있었다. 그래서인지 멘토로부터 박사 학위 제안을 받았을 때 나는 일말의 의심도 없이 흔쾌히 도전하겠다고 했다. 그러나 자신만만했던 시작과 달리 역시 만만치 않은 난관이 나를 기다리고 있었다. 하지만 시간의 마법은 실로 대단했다. 나는 오직 미래의 내 모습을 그리며 나에 대한 믿음과 사랑을 확신했다. 그리고 반복되는 일상 속에서 오늘 내가 해야 할 일에만 집중했다. 나는 10분의 약속을 깨지 않기 위해 최선을 다했다. 그렇게 나의 10년이 지나갔다. 이제 나는 그렇게도 꿈꾸던 박사가 되었고 기업체와 대학 강의를 나가게 되었다.

나의 멘토는 내가 학위를 땄을 때도, 내가 회사에서 좋은 성과로 상을 받았을 때도 항상 이렇게 말한다.

"이제부터가 시작이다!"

그가 처음 나를 만났을 때 했던 말들이 떠오른다.

"방송 리포터에 만족하지 마라. 세월이 지날수록, 나이가 들수록 그 일을 통해 더욱 존경받고 인정받을 수 있는 일을 찾아. 꿈이 있는가? 다른 사람의 인생에 얹어서 가려는 인생은 결국 자신에게 실망만을 안겨줄 뿐이다. 세상에서 가장 믿을 수 있는 사람은 본인이다. 본인에게 투자하고 본인의 꿈을 위해 노력해라!"

당시 나는 멘토의 말을 주의 깊게 받아들이지 않았다. 그러나 이제는 깨닫는다. 아기를 키우면서, 또 나이가 들어갈수록 사람들이 더 많이 나를 원하고 존경한다는 사실을 깨달으면서 이제야 그 의미를 공감하게 되었다.

남편만을 바라보고 살거나 자식들을 위해 인생을 희생하던 친구들, 자신이 아니라 가족의 인생에 기대 살던 사람들은 결국 많은 부분 실망하고 힘들어 하며 살고 있다. 본인이 희생한 만큼 상대가 나를 알아주거나 기대에 부응하지 않기 때문이다.

물론 모든 사람이 학위를 취득하고 강의를 하고 성공을 해야 한다는 말이 아니다. 다만 자신이 원하는 꿈과 목표가 있어야 하며, 그 꿈을 이루기 위해 자신과의 약속을 지켜낼 수 있어야 하며, 그리고 무엇보다 자신을 사랑할 줄 알아야 한다는 것이다.

나는 사람들에게 이런 말을 하곤 한다.

"고등학생 때처럼 살아보라. 인생에 대한 시각과 마음가짐이 달라질 것이다."

정말로 뭐든지 할 수 있을 것 같던 그 시절, 10여 개가 넘는 그 어려운 과목들을 공부해야 했던 힘든 시절. 그러면서도 운동도 열심히 하고, 그 와중에 축제도 준비하며 신나했던 순간들. 10분의 꿀맛 같은 쉬는 시간을 틈타 소설책을 읽고, 떨어지는 낙엽을 주워 모으며 시를 쓰고, 함박눈이 퍼부으면 뛰쳐나가 정신없이 눈싸움을 하던 그 순수한 열정.

오히려 그때보다 시간도 많고 경제적으로 더 풍요로워졌는데도, 우리는 늘 바쁘다는 말을 앞세우며 책 한 권 읽지 않으며 운동 따위는 엄두도 내지 않는다. 영화 한 편 보러가기도 쉽지 않고, 바람결에 나뭇잎이라도 날리면 또 한 해가 지나고 나도 같이 늙는구나 하며 체념하고, 눈이 오면 길이 막힐 걱정에 안절부절못한다.

어쩌다 이렇게 되었을까? 그건 바로 꿈이 없기 때문이며 자신에 대한 사랑이 없기 때문이다. 지금 내가 고등학생이라고 생각해보라. 그 시절의 노력처럼 하루를 살아보고, 그 시절의 열정으로 모든 것을 대해보라. 진정 삶이 달라질 것이다.

요즘 나의 삶은 전과 달리 활기가 넘치고 또 하고 싶은 일들도 많아졌다. 내가 이렇게 변화하는 동안 나의 주변에도 많은 변화가 일어났다. 나를 알던 많은 사람들이 나의 노력과 또 변해가는 모습을 보고 시간의 마법에 대해 관심을 갖게 된 것이다. 그리고 그들 역시 노력을 통해 실제로 큰 성과를 거두고 있다.

뭔가 해보려는 마음만 갖고 있는 사람들, 또 용기를 내서 실행했다가 결국 일에 치어 중도에 포기한 사람들, 이런 분들일수록 시간의 마법을 이해하고 활용해서 더 이상 괴로운 나날을 보내지 않았으면 좋겠다. 나는 또다시 향후 10년의 목표를 이루기 위해 노력하고 있다. 여전히 나는 매년 나만의 10대 뉴스를 기록하고, 또 신년이 되면 새로운 10대 계획을 세운다. 이런 노력들이 나의 삶을 좀더 의미 있게 만들고, 또 항상 행복하고 즐거운 인생을 살게 하는 원동력이다.

물론 산다는 건 힘든 일이다. 늘어가는 주름과 흰머리, 육체는 하루가 다르게 늙어가고 총기도 예전만큼 반짝이지 않는다. 그렇다고 그런 자신을 한탄만 하며 살기에는 우리의 남은 생이 아직 길다.

누구라도 나이를 먹지 않는 사람은 없다. 이는 우리 모두가 자연스레 받아들여야 하는 삶의 과정이다. 그만큼 여유로워지고, 지혜로워지며, 전문적이어진다고 생각해보라. 그러면서 자신만의 꿈을 키우고 10년 후 그 꿈을 이루기 위해 노력한다면 연륜이 오히려 도움이 될 것이다.

끝으로 이 책의 출간을 위해 격려와 조언을 아끼지 않은 많은 동료에게 감사의 마음을 전한다. 좋은 책이 만들어지도록 성심을 다해 노력해주신 21세기북스 김영곤 대표님, 김성수 본부장님 그리고 정지은, 류혜정 팀장님, 장보라 님께도 감사드린다.

이 책을 읽은 독자들이 항상 행복하기를 바라며
저자를 대표하여 정선혜

KI신서 3616
시간의 마법

1판 1쇄 발행 2011년 10월 28일
1판 10쇄 발행 2019년 3월 11일

지은이 정선혜 · 서영우
펴낸이 김영곤 박선영 **펴낸곳** (주)북이십일 21세기북스
마케팅본부장 이은정
마케팅1팀 나은경 박화인 **마케팅2팀** 배상현 신혜진 김윤희
마케팅3팀 한충희 김수현 최명열 **마케팅4팀** 왕인정 김보희 정유진
홍보기획팀 이혜연 최수아 박혜림 문소라 전효은 염진아 김선아 양다솔
제작팀 이영민 권경민
출판등록 2000년 5월 6일 제10-1965호
주소 (우 413-120) 경기도 파주시 회동길 201(문발동)
대표전화 031-955-2100 **팩스** 031-955-2151 **이메일** book21@book21.co.kr

(주)북이십일 경계를 허무는 콘텐츠 리더
21세기북스 채널에서 도서 정보와 다양한 영상자료, 이벤트를 만나세요!
장강명, 요조가 진행하는 팟캐스트 말랑한 책수다 '책, 이게 뭐라고'
페이스북 facebook.com/jiinpill21   **포스트** post.naver.com/21c_editors
인스타그램 instagram.com/jiinpill21   **홈페이지** www.book21.com
서울대 가지 않아도 들을 수 있는 명강의! 〈서가명강〉
네이버 오디오클립, 팟빵, 팟캐스트에서 '서가명강'을 검색해보세요!

정선혜 · 서영우, 2011

ISBN 978-89-509-3372-2 03320
책값은 뒤표지에 있습니다.

이 책 내용의 일부 또는 전부를 재사용하려면 반드시 (주)북이십일의 동의를 얻어야 합니다.
잘못 만들어진 책은 구입하신 서점에서 교환해 드립니다.